「失われた30年」と日本の将来

日本に未来はある
デフレマインドを
捨てよ！

石塚康彦

東京図書出版

はじめに

平成史、特に長きにわたる経済停滞に関する論考は枚挙にいとまがないほど語られているが、平成史と一口に言っても、当人が所属していた世界や立場では違うものが見えていたはずである。学者はイデオロギーを含めた立ち位置の違いによって様々な解釈をしている。官僚や金融界のエリートとして生きてきた人たちは当時のマクロ経済政策について厳しい意見を述べるものが多い。また、政治の世界に身を置いていたものは90年代以降の政治の混乱から平成を目撃しているはずである。そして私はというと、製造業（自動車業界）の中で、Tier 1と呼ばれる日系大手自動車部品メーカーに20年余り、そしてアメリカの大手自動車部品メーカーに7年、更には日系の中堅専門部品メーカー、最後はアメリカの自動車部品ベンチャーを経験してきた。

詳しく自分のプロフィールを紹介したのは、私がどのような経験、環境を踏まえたうえで書いたものか事前にお知らせしておくべきと考えたからである。例えば、自動車のようなグローバル企業ではなくドメスティックな業界で平成を生きてきた人はまったく違う世界が見えていたはずである。人間には認知限界がある。全てを俯瞰することなどできない。従って、私の書くことは、あくまでも一つの見方であると捉えて頂きたい。

最初に述べておきたいことがいくつかある。

一つ目は、情報のリテラシー、印象操作の問題である。

ある時、あるメディアが「最近、凶悪な殺人事件が増えている。どんどん社会が悪くなっている」と報道していた。私は本当にそうかと思い、インターネットで警察庁や厚生労働省のホームページで、さまざまなソーシャルインデックスを調べてみたが、自殺者数、殺人事件数、傷害事件数等そのような事実（データ）は出てこなかった。それよりも、ここ十数年にかけて30％程度の割合で減少していた。

悪化していなかったことは明確な事実であり、これを悪化していると報ずるのは大問題である。読者の多くは、学者やメディアが客観的事実に基づいて発信していると信じているからである。メディアと読者との間の信頼関係を壊してはならないのである。

メディアが時の政権（権力）を徹底的にチェックし厳しく批判することは間違っていないし、彼らの役割である。一方で、事実を客観的に伝えることも大きな役割なはずである。しかし、政権批判する勢い余って、客観的事実を蔑ろにしてはメディアや学者としては失格ではないか。単なる情報のリテラシーが低いだけなのか、それとも意図的な印象操作なのか真意は不明であるが、戦後行ってきた経済政策に対しての功罪をきちんと評価し、さまざまな教訓を後世に残したいのであれば、感想や印象だけでは不十分なのである。

従って、本論では、私の解釈や仮説の前提となっているデータについてはなるべく掲載するようにしている。

二つ目は、日本のメディアは海外の状況を正確に伝えていないという問題である。詳述するまでもなく日本は確かに多くの問題を抱えている。しかし、世界は日本など及びもつかないほど根の深い問題を抱えており、日本がパッケージで目標にするべき地域や国など無いと考えた方が良い。私は他国を徹底的に調べ、実地調査に昔赴任経験のある欧州（パリ）に行ったが、ここ10年余りで大きく変わってしまった。これは普段、メディアが流す情報とは大きく乖離していた。メディアは、自国に対しては悲観的に報道する傾向が強い反面、海外に対しては綺麗に描き過ぎではないか。自国の問題をクローズアップさせるために海外のブラックな面には蓋をするのではメディアとして失格であろう。これは第5章で詳述する。

そして最後に、ミクロとマクロの問題がある。

「失われた30年」は複合要因であるにもかかわらず、ほとんどが経済学者やアナリスト、金融関係の専門家がマクロ経済（一国の経済全体から見たもの）を中心に分析しているものが多い。私は、メーカー出身者である。この経験をもとにミクロ経済（企業等の経済主体から見たもの）を並行して描くことで、もっと立体感を持たせた説明が可能になるのではないかと考えている。

「失われた30年」と日本の将来 ◇ 目次

プロローグ

失われた30年と言われて久しいが、その背景や原因を深掘りする前に、１９９０年のバブル崩壊前後の時代を大きく俯瞰してみる必要があるだろう。

日本の経済（ＧＤＰ）が、90年代以降約30年もの間大きく成長できなかったのに対し、欧米先進国は成長を維持し、さらに、一昔前に発展途上国といわれた国々が経済成長に目覚めたことで、日本の相対的な地位は大幅に下がってしまった。80年代までは欧米以外の国で先進国と言われるグループに入っていたのは日本だけであった。従って、日本が努力すれば、それなりのポジションを確保することが可能であったが、今や中国や韓国、台湾といった東アジアの国々をはじめ世界中の多くの国がプレイヤーとしてグローバル競争に参入したため、それなりの努力をすれば報われるほど、簡単な世界ではなくなってしまったのだ。

余談になるが、19世紀ドイツの偉大な社会学者であったマックス・ウェーバーは『プロテスタンティズムの倫理と資本主義の精神』の中で、資本主義は西洋のプロテスタンティズムという特殊な状況から生まれたものであると説明している。１９８０年代私が学生だったころの学問的なテーマとして、「それでは何故、プロテスタンティズムのない日本が資本主義を受容し経済発展できたのか」が真剣に議論されてきた。とても注目されていたテーマであり、山本七平や小室直樹などの研究が注目されていた。それが今や、中国、インドを含め世界中で市場経済が広がり、資本主義が世界中の至る所で見られている。決して欧州や日本だけの現象ではないことが周知の事実として認識されるようになった。資本主義（市場経済）は一部の地域の特殊な状況ではなくなり、世界の中で自然状態になったのである。

それにしても、全世界参加型の経済になったとはいえ、日本の経済的プレゼンスの凋落は目を覆う有様だ。１９９０年代前半には約17％程度まで上昇したＧＤＰシェアが、現在約５％と３分の１以下まで下がってしまっている。分野別では、80年代には世界を席巻した半導体などのエレクトロニクス産業の凋落、ＩＴ・通信分野での惨敗は目に余るものがある。

何故このような事態になってしまったのか。ややもすれば、この手の論議は日本国内の座標軸のみで語られることが多いが、少し視野を広げて、外因と内因に分けて論じてみる必要があるだろう。

外因については、アメリカの60〜70年代の「失われた20年」から語らなければならない。この20年間、アメリカは政治的にも経済的にも倦んでいた。ベトナム戦争（１９５５〜１９７５年）で若者の精神は廃り、大学の研究室の熱気は失われ、街にはヒッピーが溢れニヒリズムが社会から活気を奪っていた。政治の世界では民主党ジョン・Ｆ・ケネディが暗殺され（１９６３年）、共和党のリチャード・ニクソンはウォーターゲート事件（１９７２年）

を起こし政治に対する信用を失墜させていた。そして「イランアメリカ大使館人質救出作戦」(1980年)に失敗したジミー・カーターは「弱いアメリカ」の象徴となっていた。

この間、通貨安という下駄を履いた日本とドイツ(当時は西ドイツ)に自動車や家電といった工業製品は席巻されていく。アメリカは、敗戦国でもともと技術力のあるこの西側2カ国から安価で良質な工業製品を輸入して、アメリカ内の貧しい人でもそれなりの生活ができるように利用していたのである。

戦後、世界の経済の半分を独占していたアメリカは余裕に溢れていた。そして、ブレトン・ウッズ体制(第二次大戦末にアメリカを中心に作られた、戦後の為替相場安定のための仕組みで、金本位制のもとで各国通貨と米ドルの交換比率を固定した)のもと1ドルを360円にして日本も潤うように配慮したのである。東西冷戦を背景に、「強い日本、西ドイツはアメリカの国益」と位置づけ徹底的に支援した。アメリカ人は惜しげもなく、半導体や自動車の技術をオープンにしてくれた。もともとアメリカ人には、自分を脅かす敵ではない弱者に対し憐れみを掛ける性癖がある。この当時のアメリカ人の寛容と親切に感謝の言葉を述べる日本人は多い。しかし、アメリカ人は、相手が自分たちを脅かす存在になったとたんに豹変するのである。

日本はアメリカがベトナム戦争で苦悩する60年代、池田勇人首相が「所得倍増化」を掲げ、防衛をアメリカに依存することで、経済に集中できた。また、自動車産業においては、アメリカの優秀なエンジニアが軍事・宇宙・航空・自動車に分散せざるを得なかったのに対し、日本は敗戦国として軍事・航空の開発を封印されていた分、自動車にリソースを集中できたのである。日本人は血の滲むような努力をしたが、非常にラッキーな面も多かったのである。1970年にはアメリカの未来学者であるハーマン・カーンは「21世紀は日本の世紀」と語り、エズラ・ヴォーゲルは「ジャパン・アズ・ナンバーワン」（1979年）と日本を持ち上げていた。日本人は敗戦の口惜しさを経済で晴らしたのである。日本人の多くは大国感と万能感に酔いしれていた。今から思えば、もう少し謙虚になるべきであった。

80年代、国際ジャーナリストとして勇名を馳せていた大森実がいみじくも「アメリカやヨーロッパの市場に『盗塁』することができたからといって、決して、思いあがってはならないと思ってきた」（大森実『恐慌が迫る』講談社、1987年）と警鐘を鳴らしていたが、その後の日本経済は大森の指摘通りになっていく。アメリカが「失われた20年」と停滞している間に、日本は、2盗を決め、いつの間にか3盗にも成功していた。そして本丸のホームスチールをうかがったところで刺されたのである。

アメリカは苦悩する民主党ジミー・カーター大統領から1981年1月20日に共和党ロナルド・レーガン大統領に代わっていた。レーガンのスローガンは、ドナルド・トランプと同じ「Make America Great Again」であった。強いアメリカを復活させ、自信を取り戻す。これがアメリカ人の心に突き刺さった。強いアメリカとは、軍事面で劣勢にあったソ連との軍事バランスを再びアメリカ優位に変えることであり、経済面では日本のエレクトロニクス、自動車産業の伸長を抑え込み、再びアメリカがしっかりと経済覇権を握り直すことであった。詳細は後述するが、軍事面ではＳＤＩ（戦略防衛構想）で経済的に疲弊していたソ連を追い込んでいく。そして日本に対しては、プラザ合意（１９８５年）、ＢＩＳ規制強化（１９８８年）、そして半導体規制を発動する。バブルは外圧によってつくられ、潰された面は無視できない。欧米は日本潰しにルール変更という奥の手を使ったのだ。そこまで日本経済は圧倒的に強かった。バブルの最盛期には、アメリカ資本主義の象徴であったエクソンビルを6億1千万ドル、そしてロックフェラーセンタービルを10億ドル、そしてエンターテイメントのシンボルであったコロンビア・ピクチャーズを34億ドルで買収してしまう。本来、アメリカ人は、資産を日本に売ったアメリカ人に怒りを向けるべきであるのに、怒りの矛先は日本に向けられていく。

口の悪い人たちから、「調子に乗りやがって、日本人めが」「誰のおかげで経済発展できたと思っているのだ。外交・安全保障といった厄介な問題をアメリカに押し付け、ぬくぬくと太りやがって」と怨嗟の声が上がっていた。そして、テレビ映像から東芝などの電気製品を打ち壊す映像が繰り返し流されていた。当時の日本の株式時価総額はアメリカの1・5倍にもなっていたのである。当時欧米諸国から「ソ連の軍事力と日本の経済力がなければどれだけ幸せか」と言われたものである。そして、自動車は日本が生産拠点をアメリカに移し、部品の多くをアメリカ産製に切り替えたことで矛を収めることができた。しかし、半導体は軍事に繋がる戦略物資であり、これをこのまま日本が独占することを許すはずはなかったのだ。

１９９１年、約50年近くもの間、軍事覇権をアメリカと争っていたソ連が崩壊する。このことによって、イデオロギー対立（資本主義対共産主義）は終焉を迎え、日本の政治にも巨大な地殻変動を引き起こすことになる。自民党に次ぐ第2政党であった日本社会党の凋落である。左翼共産主義陣営はソ連の崩壊によって歴史的なレジティマシー（正当性）を失ったのだ。一方の保守陣営も、１９８０年代後半に起こったリクルート事件によって、国民の信任を失い選挙で過半数を取ることが困難になっていた。以降、日本の政治は離合集散を繰り返す未曾有の混乱状態が続くことになる。その象徴が、１９９４年6月から１９９８年6月の自社さ連立政権である。冷戦時代にイデオロギーを対立させてきた自民党（保守）と社会党（革新）が手を握ったのである。バブル崩壊後の経済の立て直しを真摯に議論するべき時に政治は権力闘争に明け暮れていく。

バブル崩壊による経済の混乱と、政治的安定を失った「病める日本社会」を尻目に、今度は、韓国や台湾に盗塁を決められてしまう。そして21世紀に入ってからは、２００１年にＷＴＯに正式加盟し貿易の自由化を本格化させた中国に「世界の工場」の地位を奪われてしまったのである。

日本は彼らに対し、戦後アメリカが日本に施したように惜しげもなく技術を伝えた。韓国などの国々は１９９０年代後半のアジア経済危機を乗り越え、通貨安を最大限活用して21世紀に大きく躍進していた。韓国も台湾も3万ドルクラブ（一人当たりＧＤＰが3万ドル規模）に参加したのである。これらに不快感をあらわにしたり、自虐的になる人もいるが、近隣諸国が栄えることは嬉しい限りではないか。日本は国際社会に復帰したサンフランシスコ講和条約（１９５２年）から40年かけて一時期ではあるが世界最強の経済大国になった。韓国は民主化しソウルオリンピック（１９８８年）から20年余りかけて、サムスン、ＬＧを半導体や携帯電話といった先端技術分野でトップクラスの企業に育て上げた。台湾はＴＳＭＣが先端半導体の90％を独占するに至っている。時期がズレただけではないか。キャッチアップされたからといって目くじら立てて大騒ぎする必要はない。

韓国の友人が「例えば、金曜日の夜に客先からクレームが入ったとする。アメリカ人は週明け直ぐに対応しますと答える。日本人は休日を返上して対応する。韓国人は直ぐに駆けつける。このくらいのことをしないと日本やアメリカにはキャッチアップできないと教えられ、みんなそのようにやってきた」と話してくれたことがあった。こうした努力が韓国の高度経済成長を支えていたのだ。更に、日本企業は、１億２千万人の国内市場で採算ベースに乗せた後に海外に打って出ることができるが、韓国は人口が日本の半分しかないため最初から海外を視野に入れている。サムスンの経営理念は創業当初の「事業報国」から「人類社会への貢献」と国内から海外に視野を広げていた。サムスンはパナソニック（旧松下電器）をベンチマークしていたが、松下の経営理念の「産業報国」からいち早く世界に切り替えたのだ。しかし、先頭集団にキャッチアップすることよりも維持する方が難しい。キャッチアップ経済ではベンチマークする相手がいるが、今度はされる側になるのである。これから韓国や台湾も日本が現在直面している様々な壁にぶち当たるであろう。日本としては、彼らと競合しながらも共生していけば良いのだ。

一方、韓国は日本以上に急激な経済成長を遂げたため様々な問題が露呈していることも事実である。例えば、合計特殊出生率は、日本1・2に対し韓国は0・7と半分近いレベルになっている（2023年データ）。また、10万人当たりの自殺率は、日本12人に対して韓国は21人と倍近くになっている（2019年データ）。このような急激な経済成長の弊害については、第5章で詳述するが、韓国を論じる場合、この光と影を伝えなければならない。

思えば、1950年代イギリスはアメリカに次ぐ自動車大国であった。オースチンは日産と技術提携して技術を伝授していた（1952年技術提携契約締結、1960年終了）。一方、60~70年代のイギリスは「イギリス病」と揶揄された一種の社会主義的な政策を推し進め、「ゆりかごから墓場まで」と言われた高福祉社会を実現したが、国民の勤労意欲は失われ国力は衰退していった。大戦前アメリカと共に世界の最先端を誇った技術力は見る影もなく、アメリカ同様に「失われた20年」を経験していた。そして、80年代に入って「鉄の女」マーガレット・サッチャー首相が誕生し、過去のプライドを捨て、日産、ホンダ、トヨタの現地生産を誘致していた。

打って変わって、2024年2月に熊本で台湾半導体のTSMCの開所式が行われた。かつて英国の自動車エンジニアの口惜しさを、今度は日本の半導体技術者が持つことになった。これは一例に過ぎぬ。歴史は繰り返されたのである。

問題は、レジリエンス（復元力）である。米英、特にアメリカは、勝てないと分かれば相手に来てもらって（現地生産）、こちらは新しい産業にシフトする。つまり、ドラスティックな新陳代謝が行われるのである。プラザ合意でドル安に転換し製造業の復活を仕掛けたが「ものづくり」では日本に勝てないと分かると、今度は「強いドルはアメリカの国益」とドル高に舵を切り直す（1995年のロバート・ルービン財務長官によるドル高政策）。そして世界に拡散したドルを再びアメリカ国内に還流させ世界の金融センターとなり、更に成長領域であるIT・通信分野で再び世界の巨人に君臨していた。一方、日本はバブル崩壊から30年もの間、潜在的成長力ある産業を生み出せなかったのである。

世界最初のウェブページが公開されたのは1990年である（欧州原子核研究機構の内部だけで実験的に公開）。この年にはWindows 3.0が世に出ている。コンピューターを活用した本格的な情報社会の到来が始まっていた。このころすでにアメリカでは、インターネットの黎明期が始まろうとしていたのだ。勿論、アメリカは、この分野において日本が世界市場のプラットフォームを独占することを恐れていた。

当時の日本には、この分野が世界を変えるであろうことを予見していた天才がいた。戦後最大の起業家といわれた江副浩正である。彼は突然、実業界から姿を消した。

大西康之氏は『起業の天才！　江副浩正　8兆円企業リクルートをつくった男』（東洋経済新報社、2021年）中で以下に述べている。

日本はいつから、これほどまでに新しい企業を生まない国になってしまったのか。答えは「リクルート事件」の後からである。

リクルート事件が戦後最大の疑獄になったことで、江副が成し遂げた「イノベーション」、つまり、知識産業社会リクルートによる既存の産業構造への創造的破壊は、江副浩正の名前とともに日本経済の歴史から抹消された。

日本を利権列島と批判する向きがあるが、江副は日本の旧来の情報利権に手を入れ破壊しようとした。終身雇用も破壊し、中途採用で再チャレンジが可能な世界を創出した。しかし、経団連は情報産業を「虚業」と蔑み、実物がない「得体の知れない」情報などで利益を出す会社を受け入れなかった。逆に、情報なるものに人材が流出することを恐れた。そして、「出る杭」は徹底的に叩かれた。

『住宅情報』（現ＳＵＵＭＯ）、『とらばーゆ』、中古車情報誌『カーセンサー』、書籍情報誌

『ダ・ヴィンチ』、『リクナビNEXT』など今になって思えば、情報の需要と供給を結び付ける「紙のグーグル」を行っていたのだ。そして、彼は情報をコンピューターで繋ぐことまで視野に入れていたのである。

少し話が拡散したようである。整理しておこう。「失われた30年」に対して多くの識者が要因を一つか二つに絞りがちであるが、これほど複雑な複合要因をシンプルに解きほぐすのは困難であると思われる。私は、これを大きく三つのポイントで整理していこうと思っている。

一つ目は歴史的な視座である。

高度経済成長期は、日本にとって強力なライバルがいない時代であった。これに加え、米英が「失われた20年」に喘いでいた時代でもあった。この非常にラッキーな環境の中で積み上げた下駄の部分が飛んだのである。従って、日本経済の最盛期である1990年を起点に評価することは、そもそも無理があるのではないか。下駄を二度と履くことはできないからである(現在、議論沸騰している為替レートで言えば、アメリカが「強い日本はアメリカの国益」と考え、1ドル360円の超円安状態にしてくれたことが高度経済成長のベースにあったことも忘れてはならない)。

二つ目はマクロ経済の視点である。

アメリカが日本潰しを徹底してきたのに対し、外交・安全保障をアメリカに依存している日本は、それらに抗うことができなかった。アメリカは自国の雇用を守るため日本に現地生産化を求め、更に日本に内需拡大を要求した。一方、90年代日本の消費は既に飽和状態にあった。あらゆる家電製品は、日本人の平均的な3LDK、4LDKの住居の中に押し込まれていた。日本のGDPに占める輸出の割合は15〜20%程度とOECDの中でもアメリカの次に低い(輸出の伸び代は現地生産化によって海外に移動している)。日本経済は内需によって支えられていたにもかかわらず飽和状態であった。

日本人は、アメリカ人のように借金してまで消費をする文化も無い。従って、消費が爆発的に伸びる余地は既になくなっていたのだ。そして、多くの企業がバランスシート不況を克服できず、国全体がデフレに突入してしまったのである。本来であれば、需要不足を補うための政府支出を増大する必要があったが日本政府がそこをケチってしまったことも大きい。また、デフレ下でありながら金融緩和をもっと大胆に行うべきであったが中途半端なものでしかなかった。これらのマクロ経済政策の失敗を数十年間続けたことのツケが回ったのだ。アメリカに翻弄された面があるとはいえ、失敗の多くは日本側にあったことは認めなければならない。

そして最後に、ミクロの視点を無視するわけにはいかない。

失われた30年といわれるが、社会としての安定を根本的に揺るがすほどの苦境ではなかったため、大きな危機感を持つこともなく低位安定が続いてしまった。この「ぬるま湯」状態によって、ジョン・メイナード・ケインズの言う「アニマルスピリット」つまり「血気」、「野心」、「情念」が日本社会から失われてしまった。それだけではなく「新しい杭」を既存の利権構造を壊す邪魔者と見立て潰してしまったのである。その結果、潜在的成長産業の育成ができなかったのである。その象徴が「江副のリクルート」ではなかったのか。

既存の利権を脅かすものを潰し、エリートの多くは、新しい椅子を増やすことをせずに、目の前にある椅子取りゲームに奔走していたのである。この時期、日本では創造的破壊は起きなかった。

しかし、この30年ネガティブな側面だけ強調する向きが多いが、ポジティブな側面もあるのではないか。自動車業界出身である筆者から見て、この30年間に日本は国内投資には向かわず、海外に対する直接投資の時代でもあった。海外に対する現地生産化を進めたことで、GDP成長部分の多くが日本から海外に移動してしまったのである。国内GDPの数値だけを見ているとこの部分は見えてこない（1985年の日本メーカー海外生産台数は89万台であったが、2022年には1696万台に膨らんでいる。この分については日本のGDPにはカウントされていない）。一方で、日本は途上国に対し、誠実にしっかりとした「ものづくり」の基本を伝授してきた。このことによって海外における日本の国家ブランドは大きく上昇した面があっ

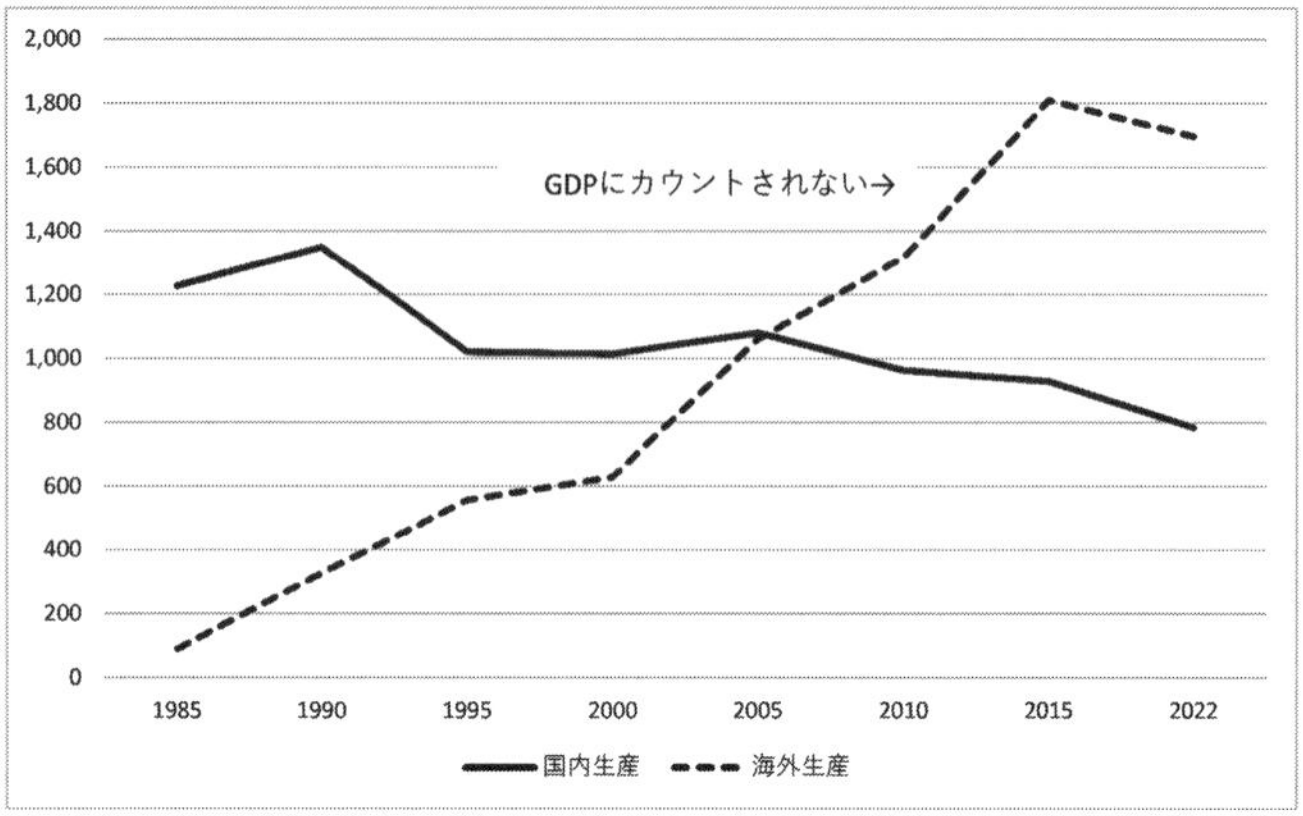

	1985	1990	1995	2000	2005	2010	2015	2022
国内生産	1,227	1,349	1,020	1,014	1,080	963	928	784
海外生産	89	326	556	629	1,061	1,318	1,809	1,696

※日本自動車工業会データより筆者作成　https://www.jama.or.jp/statistics/

【図1】日本メーカー四輪車（国内生産／海外生産）万台

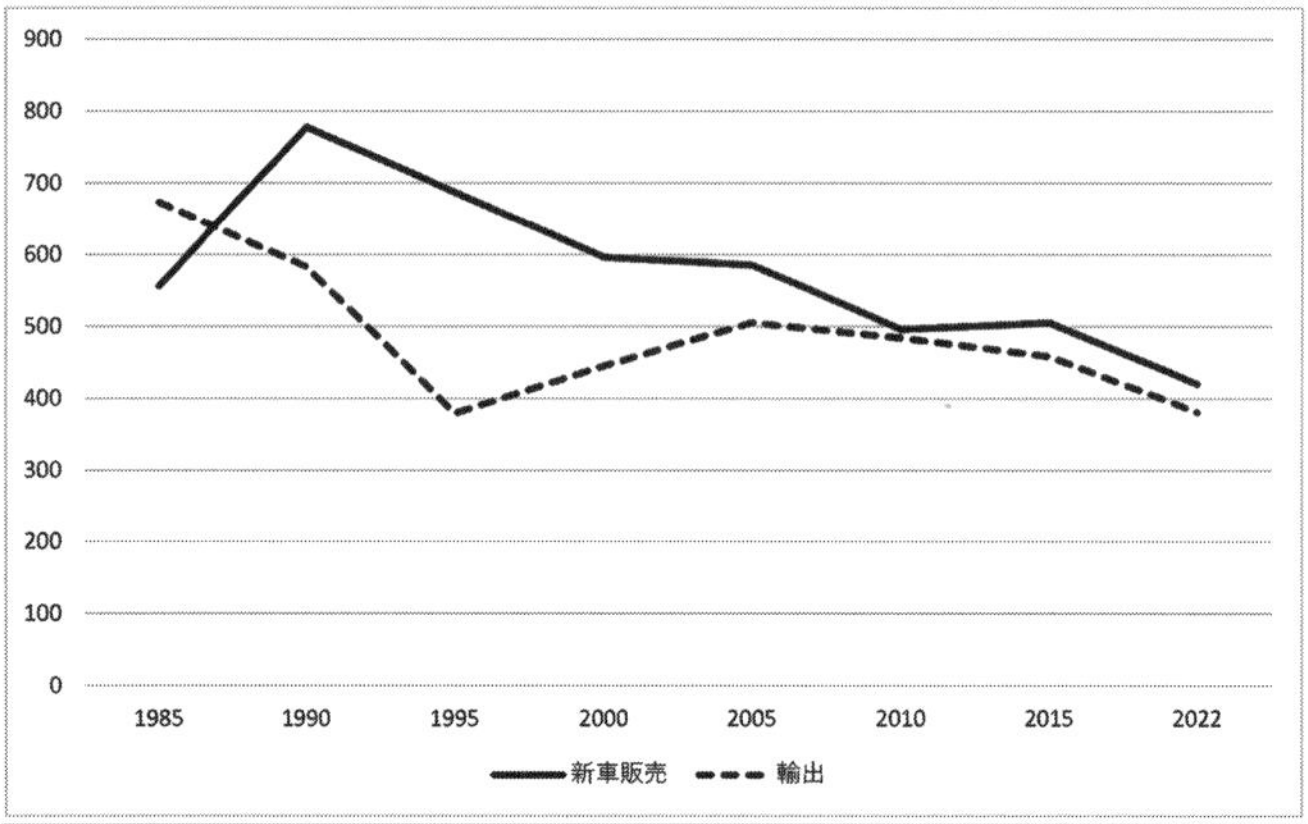

	1985	1990	1995	2000	2005	2010	2015	2022
新車販売	556	778	687	596	585	496	505	420
輸出	673	583	379	445	505	484	458	381

※日本自動車工業会データより筆者作成　https://www.jama.or.jp/statistics/

【図2】国内四輪車（新車販売／輸出）万台

たことも付け加えておきたい。そして対外投資を積み重ねた結果日本の対外純資産は30年以上世界一を記録している。このストック（2022年末419兆円）から得られる利益（配当、ロイヤリティ等）によって、円安によるエネルギー価格の高騰等で貿易収支が赤字となっても経常収支は黒字をキープできているのである。つまり日本は外貨を稼ぐ構造が変わったのである。

70年代、80年代は、欧米人の多くは日本人を「エコノミックアニマル」と呼んで蔑んでいた、「経済は1流・文化は2流」と揶揄し、日本人は公共心が低く、文化レベルは低いと断じていた。確かに当時の公園はゴミ溜めのように汚く、溝川は悪臭を放っていた。都市は衛生的とはいえるものではなかった。サービスの質も今よりは遥かに低く、公共機関のスタッフの対応は悪く横柄だった。車に乗れば、クラクションや煽り運転は日常茶飯事で乱暴運転による交通事故も多かった。こうした視点で眺めてみると日本も大分成熟したものだといえる。世界中の旅行会社のアンケート調査では、「行きたい国ランキング」で日本が常にトップランクであることも注目されたい。理由の多くは円安による割安感だけではなく、伝統文化、治安の良さ、清潔、都市の機能的運営、自然の美しさ、ホスピタリティなど多岐にわたっている。日本も社会として大きく成熟したのだ。これをネガティブに捉えると「社会の熱量」が失われたとも言えるかもしれないが、穏やかな表現に置き換えると「静かに山を下り、別の山に登る」過程と捉えることもできる。

ここで紹介したい指標が３つある。エコノミックアニマルとして先頭を走っていた時代とは違う、新たな日本の立ち位置を確認できる興味深い指標である。

1　国家ブランド指数

アンホルト・イプソス国家ブランド指数は、60カ国を対象に成人約6万人に対して調査を実施したもので、国家のアイデンティティを6つのカテゴリー（輸出、ガバナンス、文化、人材、観光、移住と投資）で調査している。この調査（２０２３年）で日本は総合1位となっている（調査を開始した２００８年は5位）。共通関心属性として「私はこの国で製造された製品を信頼している」という項目で1位の評価となっている。また特筆すべきは、「創造的」というカテゴリーでもトップになっている。

本当にそうかと、他の類似指標を当たってみた。

アメリカの有力誌による調査で「世界最高の国」ランキングでは日本は2位になっている（「冒険」「機敏性」「文化的影響力」「起業家精神」「伝統」「原動力」「ビジネスの開放度」「権力」「生活水準」「社会的目的」で評価したもの。1位はスイス）。更に、アメリカの有力旅行誌が発表する「世界で最も魅力的な国」のランキングでも日本は1位となっている。

2　世界のＩＰコンテンツ売上ランキング

TITLEMAXというアメリカの金融系会社が発表する順位は以下になっている。
①ポケットモンスター、②ハローキティ、③くまのプーさん、④ミッキーマウス、⑤スターウォーズ、⑥アンパンマン、⑦ディズニープリンセス、⑧スーパーマリオ、⑨少年ジャンプ、⑩ハリーポッター、⑬ガンダム、⑮ドラゴンボール、⑰北斗の拳、⑳ワンピース、となっており20位内に日本のブランドが９つも入っている。80年代は、ディズニーやスターウォーズを超えるキャラクターを日本が創造するなんて誰も想像できなかったのである。

3　経済複雑性ランキング（ＥＣＩ）

ハーバード大学のグロースラボが提唱した指標で日本は1位になっている。

この指標は、その国の輸出品の多様性と複雑性、更にはその製品の偏在性を評価しランキングしたものである。簡単にいうと、日本は、複雑で希少で他の追随を許さない製品を生み出す力が抜きん出ているということである。

この指標に着目しているのが、カリフォルニア大学サンディエゴ校のウリケ・シェーデ教授である。教授曰く、この指標から日本は素材や部品のグローバルリーダーであり、「失われた30年」ではなく転換期であったと述べている。日本は、規模が小さいものまで含めると400以上の製品で世界トップクラスのシェアを持っている。別の言い方をすれば、これだけの製品が世界のサプライチェーンを支えているのである。勿論、この中にはＩＴ・通信から宇宙関連など先端産業も含まれている。

「技術のデパート大国」日本といった感じであるが、一方でこうした技術偏重主義がガラパゴス化を生んできた面もあり、今後は技術をお金に変える商品戦略、経営戦略が課題であると言える。

また教授は、日本社会には強い「悲観バイアス」があることを問題視している。

悪いニュースばかり、否定的なニュースばかり流せばそれが「言霊」となって潜在的な可能性まで見えなくさせてしまっているのである。

日本には、厄介な問題が山積しているが、諸外国と比較して社会は安定している。これは日本人が変革のスピードよりも安定を意識的に（あるいは無意識的に）選択してきたからである。

今後ともこの安定を維持していくことは容易でないことを覚悟する必要があるが、経済のフロー指標であるＧＤＰの停滞とは別に、ストック（詳細は後述するが対外純資産、個人金融資産、企業内部留保、国家ブランドを含めたソフトパワー、更には各種基盤技術、先端技術等）はしっかりと蓄積されている。あとは、やる気と自信を取り戻すことではないか。

第1章　出る杭は打たれた

1　失われたアメリカの20年

アメリカについて書こうとしている。私のアメリカとの関わりで言えば、アメリカの会社で通算8年間働いた経験があり、日系企業時代を含めると約30年もの間ビジネスで関わってきた。日米の歴史に関する勉強もある程度してきたつもりである。従って、それなりの理解はあると自認している。

天国と地獄が同居するアメリカ、何百億、何千億稼ぐ一握りの成功者と、まともに医療も受けられない貧困層が増え続ける超格差社会である。GDPの約17%が医療費（日本は11%、ドイツ、フランス、イギリスも10%前後である）であるにもかかわらず、平均寿命が日本よりも8歳も短い（日本は84・5歳で世界1位、アメリカは76・4歳で44位）。これを決して良い社会とは思わない。確かに、アメリカは問題だらけの社会であるが、特筆するべき強みがあるとすれば、プロローグでも書いたが「レジリエンス（復元力）」であろう。

アメリカは「失われた20年」を乗り越え、そしてリーマンショックの後も、多くの識者が「さらばアメリカ」と見限ったにもかかわらず、ＧＡＦＡ（Google、Apple、Facebook、AmazonのＩＴ企業のビッグ４で世界的なプラットフォーマーである）を中心に見事に復活してきた。

そしてもう一つの特徴を挙げるとすれば、これもプロローグでも触れたが、「敵ではない弱者に対して親切であるが、相手が自分を脅かす存在になった途端に豹変する」という特性である。

私自身、アメリカ企業に勤めていた時代、英語がよくわからず苦労していた時、多くのアメリカ人に助けてもらった経験がある。私の周りにも似たような経験を語るものも多かったように記憶している。

日本の親米保守といわれた論客の中には、フルブライトでアメリカ留学経験がある方が多いが、同じような体験があったのではないだろうか。

話は遡るが、幕末において列強の中で日本との通商交渉を先導したのは、アメリカ（ペリーとハリス）であった。日本の開国は、ペリーによる強圧的な砲艦外交をイメージする人が多いが、アメリカの外交官はおおむね好意的であり、他の列強との間に入り、調停役を買って出てくれることも多かった。彼らが日本に持ち掛けた通商条約の条件は欧州諸国と比較して日本にとって非常に有利な内容であり、関税率は20％と当時英国が他国と締結した関税率（５％）と比較しても破格と言えるものであった。しかし、その後、アメリカで南北戦争（１８６１〜

１８６５年）が勃発し、アメリカは一時的に交渉の表舞台から退き、主導権はイギリスに移ることになる。この後のイギリスの巧みな外交交渉によって関税率は20％から５％に引き下げられてしまう。５％では、列強の輸入品の競争力が高くなり、税収も貧弱で国内産業育成の原資となるようなものではなかった。イギリスは関税率を引き下げることで自由貿易の富を独占しようとしたのである。因みに、明治の外務大臣であった陸奥宗光は、伊藤博文に対し「日本が有事の際に頼るべき国」を質問した時に伊藤は、彼自身留学経験があるイギリスではなくアメリカを挙げていた。

明治維新後（アメリカにおいては南北戦争後）も日本に対するアメリカのサポートは続き、岩倉使節団に対してもアメリカは大いに歓待してくれた。日露戦争（１９０４〜１９０５年）では資金面でのサポートと共に講和仲介を買って出て、辛勝であった日本のために一肌脱いでくれた。その後、中国市場への参入を目論むアメリカは、日本がポーツマス条約で得た満州鉄道に対する共同経営を提案するが、これを日本側が拒否したあたりから、関係はぎくしゃくしたものになっていく。日露戦争以降日本はアメリカにとって「出る杭」になったのである。

第二次大戦でもアメリカは、苦境に立つソ連をレンドリース法で助けている。勿論ソ連を支援することが当時のアメリカの国益にかなっていたからであるが、戦後はそのソ連と覇権を争うようになる。

そして、日本のバブル崩壊後の１９９０年代にアメリカは、貧しく弱い中国を徹底的に支援した。技術支援も惜しみなく行った。その数十年後、今度は中国がアメリカの覇権を脅かす存在になった途端に、徹底的に叩き始めたのである。

この「回復力」の強さと「ヒロイズムと自分本位のアンビバレント性」がアメリカの行動を理解するカギとなっていくと思う。

このアメリカが唯一敗北した戦争があった。ベトナム戦争である。第二次大戦後、米ソの冷戦構造の中で、その代理戦争の舞台となったのは東南アジアであった。戦後、蔣介石との戦いに勝利した毛沢東は１９４９年に中華人民共和国を作り上げていた。もしこれに続きベトナムをはじめとした東南アジア諸国が社会主義になってしまうと東ヨーロッパに続きアジア全体が社会主義陣営になることをアメリカは恐れていた。いわゆる「ドミノ理論」（共産化の連鎖）である。

ここで簡単にベトナムの歴史について触れておく。

ベトナムがフランスの植民地になったのは、19世紀の中ごろまで遡る。その後、第二次大戦初期ドイツに敗北したフランスからドイツと三国同盟を締結していた大日本帝国の統治下に入ることになる。日本の敗戦後、再び植民地政策を採りにきたフランスに抵抗したのが、社会主義者のホーチミンであった。彼は、日本敗戦直後いち早く独立宣言し北ベトナムを影響下においていた。一方の仏軍は南ベトナムのサイゴンを占領し、南北に分かれ実に９年にわたり戦争が続くことになる（インドシナ戦争）。そして、ベトミンによるゲリラ戦術によって、ホーチミンはフランス軍に勝利し、１９５４年7月には、ジュネーブ休戦協定で分割案が承認され、その後の南北統一選挙によって悲願の統一が図られようとしていた。選挙となればフランス植民地支配に終止符を打った北ベトナムが勝つのは明確であった。この社会主義による統一の流れに待ったを掛けたのがアメリカである。カトリック信徒でアメリカに亡命中のゴ・ディン・ジェムを南ベトナム大統領に擁立する。しかし、このゴ・ディン・ジェムがまったく民衆を掌握していないことを知ると、国防長官のマクナマラは、「アメリカはこれ以上南ベトナムに深入りするべきではない」とケネディに進言するが、その直後にケネディは暗殺されてしまう。そしてケネディに代わり大統領になったリンドン・ジョンソンは、ベトナムからの撤退は認めなかった。「選挙で選ばれた大統領の意見に逆らうべきではない」と文民統制に従ったマクナマラは、あらゆる手段を用いて戦争を勝利に導こうとした。彼は戦況をある指数で管理・評価しようと考え実行した。有名なキル・レシオである（米軍の死者数とベトナムの死者数との比率）。このキル・レシオを1対10に維持できれば敵は必ず屈服するとマクナマラは分析していた。そして、米軍の各部隊はこの数値を達成するために競争を始め、これが空爆などによる無差別殺戮に繋がり、多くの一般人が犠牲となっていた。一方、この頃からテレビカメラが生の戦場に現れ悲惨な戦場がお茶の間に映し出されていた。そして、国防省の調査官が内部資料をリークする事件も発生する。これらによって、戦況は有利に運んでいるとの国防省の発表を信じていた国民は驚愕することになる。「戦争は勝っていたのではなかったか」、「この戦争は正義のためではなかったのか」、若い兵士は罪もないベトナムの一般市民を犠牲にすることに耐えられなくなっていった。

ベトナム戦争には、延べ260万人のアメリカ人が投入されていたが、徴兵に従わないものだけでも57万人に達していた。その中にはアメリカスポーツ界の英雄モハメド・アリ（プロボクサー）も含まれていた。若者は、「ベトナムシンドローム」と呼ばれる強烈な厭戦感と罪の意識に苛まれることになる。このやるせなさは、反戦運動として全国に広がり、その一つの頂点が「ウッドストック・フェスティバル」であった。1969年8月にニューヨーク州の会場には約40万の若者が集まり、カウンターカルチャーが爆発した。ロックは既に不良の音楽ではなく、若者のやるせなさ、そして、不条理性に対する怒りの表現手段となっていた。

アメリカは、ベトナムはすぐに屈服すると判断していた。マクナマラ国防長官は、データ分析によってそれを予測していたが、彼の目論見は外れてしまう。アメリカはベトナムの愛国心や団結力を計算に入れることができなかったのである。そして自国の反戦運動も厭戦意識の高まりに対しても鈍感であった。

このベトナム戦争前後の60〜70年代こそ、アメリカが苦悩した「失われた20年」であったと言える。1971年には、ベトナム戦争によって膨らんだ国防費、そして社会保障費の増大によって、アメリカの保有する金が半減し、アメリカがついに「金とドルの交換停止」を宣言する（ニクソンショック）、金本位制によって世界経済支配を目論んだアメリカの最初の挫折となるのである。

2 「瀕死の熊」ソ連

少しわき道に逸れる形となるが、ソ連についても簡単に触れておきたい。日本のバブルとは直接結びつく話ではないが、このソ連の崩壊によって、長い間アメリカの奥歯に突き刺さった棘はきれいに抜かれ、アメリカの目が経済でアメリカ市場を席巻していた日本に向けられていったからである。そして、日本の政治もソ連の崩壊がトリガーの一つになって混乱の時代を迎えることになる。

1953年に20世紀を席巻したソ連の独裁者ヨシフ・スターリンは眠りについた。そして、時代はフルシチョフに移っていた。彼はスターリン批判を行うことによって、力による社会主義の拡大路線を捨て、経済の立て直しのため西側資本主義陣営に対し融和政策に出ていた。

経済優先の時代、お互いが共倒れとなる核戦争は避ける。これがフルシチョフの本心であった。しかし彼は、「資本主義がその内部矛盾によって崩壊し、社会主義そして共産主義が誕生する」というマルクス・レーニン主義を放棄したわけではなかった。アメリカと軍事力で対峙するよりも、スターリン時代に疲弊した経済を立て直し、資本主義と比較しても十分に豊かになれることを世界に示し、グレーゾーンであった第3世界をわが陣営に引き入れようとしたのだ。そして、理想実現の手段として暴力に訴えることをやめたのである（彼は、内にあってはハンガリー動乱を武力で鎮圧しており、内外共に宥和政策を徹底したわけではない）。

背景にはアメリカに対する圧倒的な軍事力（核戦力）の劣勢があったことも忘れてはならない。当時のＩＣＢＭ（大陸間弾道ミサイル）保有数ではアメリカ８５４発に対しソ連は２７０発、ＳＬＢＭ（潜水艦発射弾道ミサイル）ではアメリカ４９６発に対しソ連は１２０発と圧倒的にソ連は不利な状況にあったのである（１９６５年のデータ）。しかし、そのフルシチョフの時代も長くは続かなかった。１９６４年、フルシチョフの考え方に異を唱え、その集権的なやり方を快く思わない指導層によって、彼は失脚させられる。そしてその後には、レオニード・ブレジネフの時代（１９６４～１９８２年までの18年間）が誕生する。彼は、スターリンの「介入主義」とフルシチョフの「抑制主義」を使い分けた。アメリカをはじめとした西側とは、「デタント」（緊張緩和というフランス語）で宥和政策を推し進めるハトを演出する一方で、第3世界のグレーゾーンに対しては通常戦力で軍事介入し強硬な姿勢を示すようになる。アンゴラ紛争への介入（１９７５年）、そして極めつけは、アフガニスタン侵攻である。フルシチョフはＩＣＢＭ並びにＳＬＢＭという核戦力の切り札を持ったことで軍縮に舵を切っていたが、ブレジネフは違った。彼はアメリカに対する核戦略が劣勢のままでは安心して第3世界に対する勢力拡大ができないと考え、大軍拡を推し進めたのである。規模的には当時のGNPの約20%が軍事に投下されていた。背景にあるのは「軍事的に劣勢な国は外交交渉で主導権を握れない」というリアリズムである。

そして、もう一つ付け加えなければならない重要な国際情勢の変化としては、中ソ関係の悪化を挙げないわけにはいかない。

中国は1964年には、水爆実験を成功させ超大国の仲間入りを果たしていた。これにより、中国はスターリンの時代のように簡単に手なずけることができる相手ではなくなっていた。そして、ダマンスキー島の領土問題などで中ソ関係は極度に悪化していた。当時の中国では、ソ連の核攻撃に備えた防災訓練を定期的に行っていたような状況であった。

追い込まれた中国の毛沢東は、アメリカとの関係を強化するため、1972年にニクソン大統領の電撃的な訪中を実現させている。時代は、ソ連＋中国VSアメリカのイデオロギーを軸とした対立構造から、ソ連VSアメリカ＋中国にシフトし始めていた。70年代の後半、中国はソ連とは決別していたのである。

これらを背景に、ソ連は思い切った軍拡に舵を切っていく。そして、1979年のソ連によるアフガニスタン侵攻（ブレジネフが親ソ政権を支援するために行った軍事作戦）の時点では、ICBMではアメリカ1054発に対しソ連は1398発、SLBMではアメリカ656発に対しソ連は９７９発と逆転している。勿論命中精度など質でアメリカが進んでいたとしても、ブレジネフ時代には、核戦力におけるアメリカの優位性が失われたのは事実である。

私が学生時代の１９８０年は、ソ連脅威論が全盛だったように思える。この年には、モスクワオリンピックを西側はボイコットしている。更に、地政学リスクのバロメーターでもある金は、この年に一気に一オンス８００ドルまで上昇し、当時の市場最高値となっていた。ニクソンショックから10年たたない間に20倍に高騰したことになる。世界は本気でスターリン主義の復活を恐れた。カーター大統領は、「今日のソ連はナチのドイツほども危険である」と警鐘を鳴らしていた。ソ連にスターリン主義が復活しつつあると危ぶむ声は皆無ではなかったのである。この当時、アメリカにとって最大の敵はあくまでもソ連であり、経済覇権における日本脅威論はまだ影を潜めていた。

軍事関係の雑誌には、米ソ全面戦争の危機感を煽る記事が掲載されることも珍しくはなかった。「ソ連は、戦略物資であった石油生産が枯渇の危機にあり、このままでは中東に進出せざるを得なくなる。そして、米ソの軍事バランスがソ連に有利になったことで、ソ連がイチかバチかの勝負に出る」といったたぐいのものである。これに輪をかけて１９７０年代後半「ノストラダムスの大予言」（１９９９年に人類が滅亡する）がベストセラーになったことも不安に拍車を掛けていた。どこかで米ソの核戦争が頭を過る時代であったことが思い出される。

一方、軍事的脅威が取り沙汰される中で、ソ連の経済は瀕死の状態にあった。

共産主義の理想郷を目指した社会であったにもかかわらず、身分の格差は酷く、ノーメンクラトゥーラと呼ばれたエリート官僚が特権的地位を独占していた。船や自動車、冷蔵庫までは計画経済のもと生産できていたが、消費者ニーズには程遠く、生産側の都合が罷り通っていた。そのため品不足と品余りが慢性化し、ノルマ達成を重量で行っていたため、資源の無駄が頻発し、品質は悪かったのである。更に致命的であったのが、計画経済システムでは70年代から始まるエレクトロニクス革命にはまったく対応できなかった。技術革新が早くサプライチェーンが深いエレクトロニクス産業に対して計画経済システムは機能不全に陥っていた。フリードリヒ・ハイエク（オーストリアの経済学者であり自由主義思想家）ではないが、計画経済は「死に至るうぬぼれ」だったのである。

3　盗塁を決めた日本

アメリカとソ連の60年代から70年代を駆け足で振り返ってみたが、東西冷戦という暗く長い政治の時代がそこにあった。そして、東アジアの韓国や台湾も資本主義のエンジンは本格始動していなかった。日本では、朝鮮戦争と10年後のベトナム戦争による特需によって景気は上向いていた。そして、1ドル３６０円という超円安の恩恵もあった。日本の高度経済成長は、そのようなバックグラウンドによって達成されたことを忘れてはならない。

戦後日本の分水嶺は、「ロイヤル長官宣言」まで遡る必要があるだろう。

戦後日本に対する占領政策を推し進めたGHQは、農地改革、学制改革をはじめ、財閥解体等の民主的改革を推進し、日本を弱体化させる政策を徹底して行った。背景には「東アジアの不安定化をもたらしてきたのは日本であり、日本を弱体化させることがアジアを安定させ、アメリカの国益にかなう」という考え方があった。一方、ソ連の台頭による米ソ冷戦構造、更には中華人民共和国の誕生によって、アメリカとイデオロギーを異にする共産主義勢力が東アジアで伸張してきたため、強い日本こそアメリカの国益になると考えるようになる。その転換点と言えるものが、ケネス・クレイボーン・ロイヤル米陸軍長官が就任当初行った演説である。彼は、日本の徹底した弱体化を企図するGHQの占領政策を批判し反共の砦としての強い日本政策を推し進めることを主張した。そして、1948年1月6日「日本の弱体化を止め、反対に日本の経済復興を優先すべきである」「日本を極東におけるソ連など共産主義に対する防壁にするべきである」と演説を行う。

この演説が行われる前の1946年11月3日に公布されたのが日本国憲法であり、演説後の1950年6月25日に勃発した朝鮮戦争に呼応する形で同年8月10日に創設されたのが自衛隊の前身にあたる警察予備隊である。日本国憲法と自衛隊はアメリカ占領政策の転換によって、当初から捻じれが生じていたのだ。更に言えば、もし、このアメリカの対日政策の転換がなければ、日本の高度成長は実現しておらず、バブルなどは起こっていない。そしてこの朝鮮戦争の特需によって日本の復興は急速に加速するのである。

アメリカがベトナム戦争にのめり込む少し前の1960年に日本では池田勇人が首相になっていた。そして、その年の12月に所得倍増計画を閣議決定する。1961年度からの10年で、年平均成長率9％を達成することで実質国民所得を倍増させるという野心的なものであった。私が生まれて小学校低学年くらいまでに当たる。何もなかった家に、テレビ、洗濯機、炊飯器が入ってきたことを思い出す。

「今日よりも明日が更に豊かになる」、希望のある時代であった。しかも、その豊かさは一部の富裕層だけではなく、ごく平均的な家庭で平等に達成されていったのである。

1964年には東海道新幹線、1968年には東名高速が開通する。そして1964年の東京オリンピック、1970年の大阪万博と国を挙げてのビッグイベントが続いていた。そして70年代になると車を持つ家庭も増えていく。1971年には、世界最大のタンカー日石丸が竣工し、社会の授業で教師から「造船大国日本」と教えられた。1960年代、カメラはドイツと言われライカ、ツァイス・イコンが市場を支配していたが70年代に日本製品に取って代わられていた。そしてソニーのトランジスタラジオが世界を席巻し、アメリカの家電製品も日本製で埋め尽くされていく。更に、小型車でも世界で戦える自信を持ち始めていた。

アメリカ、ソ連、そして中国が「政治の時代」に翻弄される中、日本は経済発展に集中できたのである。

そして、1968年には、日本はついに、西ドイツを抜き、世界第2位の経済大国になっていた。


日本が世界第2位の経済大国に上り詰めたのは、当時日本を取り巻いていた国際環境や政府の経済政策によるものだけではないことも付け加えておかねばならないだろう。

戦後世代の日本人は、国際環境の変化をチャンスと捉え、血の滲むような努力をしたのである。

1980年代、私が就職したころ、昭和一桁世代や大正生まれの魅力的なカリスマがどの会社にもいた時代であった。彼らには、アニマルスピリットがあった。今の価値観で裁定を下せば失格の烙印を押される人も多かったかもしれぬが魅力的な人たちであった。そして次にくる団塊の世代（今現在70代にあたる）といわれた人々は、上の世代が熱い分、冷静で理知的で官僚的な人たちが多かったように思える。バブル崩壊前の日本は、世代間で役割分担をしながら高度経済成長を駆け抜けていった。韓国や台湾は、このユーフォリア（熱狂的陶酔）が20年とか30年遅れて起こったのである。繰り返すが、キャッチアップされたからといって目くじらを立てるべきではない。キャッチアップすることよりも、維持することの方が遥かに難しいのだ。韓国も台湾もこれから先、日本が苦しんできた壁にぶち当たることになる。今後は競争しながらも協調・共生する時代にしていかなければならない。

ここで少し、戦後のカリスマ経営者について述べておこう（私の世代ではお馴染みの人たちであるが、若い人にはこんな人が日本にもいたことを伝えておきたいからである）。ホンダ創業者である本田宗一郎、ソニーの井深大などである。

彼らにはギラギラした情念、野心、いわゆる「アニマルスピリット」があった。そして若かった。

戦後の驚異的な復興の大きな要因の一つに、日本は戦争に負けてマッカーサーがオールド・パージ（年寄りを引退させたこと）したことが大きかったと言われている。本田が本田技術研究所を設立したのが１９４６年、本田39歳の時であった。井深も同じ１９４６年、38歳の時にソニーの前身である東京通信工業を設立している。２人とも30代で企業のトップに立っていた。現在の日本も本気で再興したいのなら、爺さんたちは経済の一線から去った方が良い。勿論、若者にない老人の知恵を指南役として伝承するべきではあるが。

私が仕事で関わったことがあるホンダについて語りたい。

２００９年、日本の自動車業界はリーマンショックの痛手に喘いでいた。当時、ホンダのグローバルプラザ（購買本部）のサプライヤー待合室では、本田宗一郎のビデオ映像が絶え間なく流れていた。ホンダの社員は原点回帰を合言葉に「百年プロジェクト」を進めていた。創業者の精神に立ち返りこれから百年永続できる企業を模索しようというわけである。ホンダの古参の人は、「世間でいう本田宗一郎のイメージは相棒である藤沢武夫が作り上げたものだ」と言っていた。本田宗一郎はもっと我儘でやんちゃな人物であったみたいである。しかし、彼の悪口をホンダの関係者から聞いたことがない。これは世界的に見て極めて珍しいことである。どんなカリスマ経営者でも何割かは批判する人がいるものである。ソニーの井深も本田宗一郎からやんちゃを抜いたような人物と伝わる。戦後の日本は、ほかにも一世を風靡した経営者を多数輩出している。彼らは当時発足したスタートアップ企業の経営者である。欧米の経営者と比較しても遜色ない先見性とリーダーシップを持った人々であった。

付け加えると、日本的カリスマ経営者の特徴として言えることは圧倒的に技術者が多いことではないだろうか。そして、彼らを経営・営業面で支えた大番頭がいたことが一つの成功パターンであった。本田宗一郎は技術の追求に没頭できた。それを支えたのが藤沢武夫であった。本田は実印まで彼に渡し、技術にのめり込んでいった。そして、オイルショック後、アメリカで施行されたマスキー法（排ガス規制強化）に対応できるエンジン（ＣＶＣＣ）をいち早く開発し大手自動車メーカーに挑んでいった。そして会社を辞める時も本田と藤沢は一緒であった。

本田は人種、家柄、学歴などで一切人を差別しなかった。

私が自動車部品メーカーの営業としてホンダを担当していたころ、会議といえばホンダの社員食堂で行うのが常であった。そしてホンダの社員の方がいつもコーヒーを入れてくれたことが懐かしい。「部品メーカーさんも技術に対しては対等で、同じ釜の飯を食う仲間だ」と言っていた。またある時、耐久試験の結果を持って行ったときには、「指示されたスペックでOKであったとしても試験を止めないで壊れるまでやって下さい」と言われたものである。設計変更に対するコスト査定は大変厳しかったが、技術の追求に対し掛かった費用については気持ちよいほど金払いの良い会社であった。

そして、ソニーの井深大にも盛田昭夫という大番頭がいた。盛田はもともと技術者であったが営業の第一線でソニーを世界のブランドに押し上げた。今や伝説になっている「トランジスタラジオ」や「ウォークマン」はアメリカでも一世を風靡していた。盛田は、タイム誌による「20世紀に重要だった100人」に選出されている。

実はトヨタも創業者の豊田佐吉から喜一郎、英二、章一郎、達郎に至るまで技術屋であった。それを支えたのが販売の神様といわれた神谷正太郎である。「1にユーザー、2にディーラー、3にメーカー」がモットーでありライバルの日産に対し販売力で圧倒していく。自分の利益は後回しで良いから先ずはお客さんを満足させろ、そしてそのお客さんと対峙しているディーラーを大切にせよと伝えている。

これらの人々が残した遺産（名言も含めて）は、十分現在にも生かせるものである。若い人も機会があれば残された書物などで触れてほしい。

但し、一点意識を変えなければならないのは、この昭和の成功パターン（技術と営業の分離）は、実は現在日本が世界で勝てなくなっている要因の一つになっていることである。「良いもの、世界最新の製品を生み出せば、後は営業が何とかする」という考え方では上手くいかなくなっているのだ。

この点について、ソニー出身で現在は早稲田大学商学学術院経営管理研究科教授の長内厚氏は、『半導体逆転戦略　日本復活に必要な経営を問う』（日本経済新聞出版、２０２４年）の中で以下に指摘している（「技術だけ強い日本の戦略的課題」から）。

略……台湾メーカーのＣＴＯ、つまりエンジニアのトップの人から、……略……まず日本という実験場が新技術の実験を始め、そこで技術的な課題があぶり出され、技術が安定した後、ビジネスとして大きな規模になると判断できた段階で日本と同じものに大きく投資する、それがもっとも効率が良い方法なのです。新しいことは、日本という研究所に任せておけばよいのです、と話されました。

日本の場合は、投資すべき段階で大きく投資をせず、次の技術に行ってしまうので、結局は台湾や中国や韓国の、都合のよい実験場にされてしまうのです。

日本は価値創造には強いが価値獲得には弱い。逆に台湾は、価値創造は下手だけど価値獲得はうまい。日本と逆さまです。だからこそ、うまく組めばチャンスがあるのではないかと言えるのです。

確かに、画期的な不揮発性（電源を切っても記憶を保持することが可能）の半導体メモリである「フラッシュメモリ」（発明したのは、「フラッシュメモリの父」と呼ばれた元東芝の舛岡富士雄氏）、現在スマートフォンやＥＶに搭載されている「リチウムイオン電池」（発明したのはノーベル化学賞を受賞した旭化成の吉野彰氏）、２０００年代初頭には世界シェアの半分を占めていた「太陽光パネル」、更には１９９０年代日本が市場を独占していた「液晶パネル」など、どれもが、日本が技術的にリードしていたにもかかわらず、その成長過程で美味しいところを他国に持っていかれるパターンを繰り返している。

この辺の話は、第６章で詳述する。再び歴史の話に戻そう。

４　レーガン大統領の誕生

最も偉大な大統領の一人と言われたロナルド・レーガンは、１９１１年にイリノイ州に生まれる。父は、アイルランド系のカトリック信者であり「犬とアイルランド人はお断り」と平然と言われた人種差別の時代に孤児として育っていた。母は、スコットランド系のプロテスタントで、レーガンは母の影響でプロテスタントとなる。同じアイルランド系移民を先祖に持つケネディ大統領はカトリックであり、このことが2人の間の微妙な立ち位置の違いを生んでいた。

レーガン政権が誕生したのは、1981年1月20日である。彼の訴えた政策は極めてシンプルで、「反共産主義」「強いアメリカを取り戻せ」「減税と規制緩和」であった。特に減税は、オプティミストであるレーガンのトレードマークになっていた。「減税を行い好景気にすれば逆に税収は増大する」というラッファー曲線（最大の税収を得るための最適な税率に対し、当時のアメリカの税率は高いため、税率を下げた場合、経済は成長し税収は逆に増大するということを図示したもの）を引用し減税の正当性を説明していた。

レーガンが好んだ言葉は、「われわれには世界を最初からやり直す力がある」、「我々に必要なのはリーダーシップだ」というものであった。アメリカはレーガンのような力強い男を待ち望んでいた。前の大統領で共和党レーガンと1980年の大統領選を戦った民主党ジミー・カーターは人間的な誠実さを前面に出していたが、目の奥の光の輝きは薄かった。彼は「アメリカの最盛期は過ぎた。つつましく生きなければならない」と人々に語りかけていた。実際、カーターの大統領就任期間のアメリカは、決して平穏ではなかった。イラン革命（1978年1月）とそれに呼応した原油価格の高騰、そしてスリーマイル島の原発事故（1979年3月）が続き、政権は追い込まれていた。極めつけは、1979年11月に起きたイランアメリカ大使館人質事件である（人質52名を救出する作戦を翌年4月に実行するが失敗し、大統領支持率が大幅に低下した）。

12月にはソ連がアメリカのこの苦境をあざわらうかのようにアフガニスタンに侵攻している。ハト派であったカーターのスマイル路線は破綻していた（一方、カーターが行った退任後の平和・人権外交は高く評価されており、２００２年にはノーベル平和賞を受賞している。そして、「史上最高の大統領経験者」と呼ばれたりもしている）。

一方のレーガンは、爽やかな笑顔とウイットに富んだジョークで人々を魅了していた。１９８１年、初の日米首脳会談で１９１１年生まれの同い年で1カ月早く生まれた鈴木善幸首相を「兄貴」といって持ち上げていた。こんなことをレーガン以外の大統領がいえば相手をバカにしたように取られるのが落ちであるが、レーガンは自然体で決して嫌味にならなかった。１９８１年に起きたレーガン自身に対する暗殺未遂事件の時は、生死を分ける手術の前に医師たちに向かい「君たちはみんな共和党員だといいのだがね」とユーモアを飛ばしていた。

60～70年代のベトナム戦争、そしてカーター大統領時代のスタグフレーション（インフレと景気後退）によって揺らいだ自信を取り戻したのがレーガン大統領であった。しかし、このレーガンの2期（8年）はいばらの道であった。１９８０年当初のアメリカ経済は不況に喘いでおり、インフレ率は12％、失業率は８％近くに達していた。２０２３年の日本のインフレ率が約３％で失業率は３％を切っている状況であることを考えると、当時のアメリカの数値が如何に大変なものであったか想像できるであろう。従って、1期目のレーガンがまず取り組むべき課題は、スタグフレーションからアメリカ経済を救うことであった。そして、安定した支持率を確立するためには、失業率を下げインフレを終息させる必要があった。インフレの特効薬は、高金利政策である。金利を上げてドルを高くすれば輸入品が安く手に入る。それに対抗するために物価高の国内製品は値段を上げられなくなる。インフレ退治にはドル高政策は有効である。レーガン政権の前半インフレ率は4％前後にまで大幅改善していた。

一方、その弊害もあった。ドル高は他国の通貨安に繋がったため、日本そして欧州諸国からの輸入品が増大し、1980年代中盤には、とてつもない貿易赤字を生んでいた（1985年のアメリカ対日貿易赤字は500億ドルに達していた）。そして、1980年代半ばごろから、アメリカは日本をソ連に続く敵と認識し始めていた。商務長官のボルドリッジは、大統領に「財政赤字よりもまず貿易赤字を退治する必要があります。悪いのは日本です」と呟いていた。アメリカの自動車業界では数十万の従業員がレイオフされていた。

積極財政と後述する国防費の増大による財政赤字と、この貿易赤字は双子の赤字と呼ばれ2期目の大統領を苦しめることになる。

レーガノミクスと呼ばれた経済政策の基礎となっていた経済理論は、サプライサイド経済学、そして新自由主義（市場への国家の介入を最小限にする経済思想で、民営化や規制緩和、そして減税が経済政策の柱となる考え方）と言われた政策である。この考え方が米英中心に世界経済の主流となって世界は変わっていく。レーガンは8年間で見事にアメリカ経済を立て直し、同様の政策を執ったサッチャーはイギリス病で喘ぐイギリス人を鼓舞し、シティ（ロンドンの金融街）の活気を取り戻していた。

アメリカは、自由（共和党）と平等（民主党）の二つの原理がせめぎ合い、「均衡点」を模索する社会であるように思える。これを政権交代によってバランス調整することがアメリカ社会の基本原理である。60〜70年代の行き過ぎた平等の反動は大きかった。レーガン時代に振り子は大きく反対側に振れ、今度は行き過ぎた自由によって、極端な弱肉強食、そして格差社会を作り上げていくことになる。

この新自由主義経済政策は、90年代後半の韓国経済にも採用されており急速な経済成長と同時に格差の拡大などの負の側面があることも無視してはならない。このことは、第5章で詳述する。

一方、国防関係については、レーガン政権を通しワインバーガーが国防長官を務めることになる（正確にはイラン・コントラ事件をきっかけにレーガン政権が終わる約1年前に辞任している）。彼こそは、対ソ強硬派の急先鋒であり、レーガンとのコンビによってソ連を追い詰めていくことになる。彼は、ＳＤＩ（戦略防衛構想）を打ち出していた。これは、敵からの弾道ミサイルをレーザー光線やミサイルで迎撃するというもので、従来の相互確証破壊戦略（核戦争となれば共倒れとなることをお互い認識することで核戦争を回避しようという考え方）を根本から打ち破るものであった。これをもしアメリカが実戦配備した場合、ソ連は為す術がなくなってしまう。レーガンの安全保障戦略の核になるものであった（実際は、この構想が成功する技術的な根拠は希薄であり、まだコンセプチャルな段階でしかなかった）。

SDI構想に呼応する形で、レーガンは思い切った軍拡を推進する。防衛費を何と倍にしたのである。そして、ソ連も対抗を余儀なくされていく。レーガンは強硬姿勢を貫く一方で、START（戦略兵器削減交渉）を開始し和戦両様の構えを見せていた。

更に、レーガンは、国際的な枠組み（反共産主義連合）でもソ連をじわじわと追い込んでいた。

イギリスの「鉄の女」サッチャーとは反共産主義で政治的な結婚をしていた。更に、韓国の軍部出身である全斗煥大統領を国賓としてホワイトハウスに招いていた。しかも大統領就任から1カ月もたたない最初の国賓に韓国の大統領を呼ぶとはレーガンの演出も巧みであった。

そして、日本では、1982年11月に鈴木首相の後を継いだ中曽根康弘が首相の座を射止めていた。レーガンとは反共産主義で意気投合し約5年もの間盟友となる。

アメリカは増大する軍事費によって拡大する財政赤字の不足分に対して国債を発行し、それを日本が購入する関係を継続していた。日本はアメリカに対する輸出で儲けてアメリカ債を買う、一種の日米連結決算のようなものである。そして、中曽根首相は「日本は不沈空母」と発言し周囲を驚かせ、お互い「ロン・ヤス」と呼び合う関係をつくっていた。レーガンは、保守派であったが、アイルランド移民で差別に苦しみ人種差別を憎んだ父の遺志を受け継いでいた。中曽根に対しても打ち解けて話し合いができていた。レーガンはこの関係を崩したくはなかった。従って、レーガンは、あからさまな対日経済制裁には抑制的であった。そして、貿易赤字の額が巨大な自動車は日本側の自主規制という形を取った。

しかし、「現代の石油」と呼ばれた半導体は、そういうわけにはいかなかった。エレクトロニクス大国として揺るぎない自信を持っていたいアメリカであったが、日本の半導体との比較調査で驚愕の事実を知ることになる。日本製の半導体は、アメリカ製と比較して故障率が約5分の1であった。このままでは航空・宇宙、そして軍事の主要部分の半導体は日本製となってしまう。1986年には、日本の半導体シェアは世界の半分を占めていた。

一方、ソ連では長い間トップに君臨してきたブレジネフ書記長が1982年11月に死去する。その後を継いだアンドロポフは1984年2月に亡くなり、レーガンと同い年のチェルネンコが後を継いだが、とてもソ連の重責を担えるほどの体力も気力もなく、1985年3月に力尽きてしまう。ソ連は、2年半の間に3人のトップが亡くなるという未曾有の事態に陥っていた。

アメリカはすでにソ連が配備済の中距離ミサイル（SS20）を廃棄すればアメリカも中距離

ミサイル（パーシングⅡ）を配備しないというわゆる「ゼロオプション」を提案するが、ソ連はアメリカの提案を拒否していた。

結局、NATOはパーシングⅡ並びに巡航ミサイルを配備し、ソ連はINF、STARTの交渉を中断した。このころ、人々は、「新冷戦の誕生」と行く末を危ぶみ、核戦争に反対する反核運動が世界各地で広がっていた。

そして、レーガンが2期目をスタートさせた2カ月後の1985年3月、ソ連では歴史を変える大きな出来事が起こる。

ミハイル・ゴルバチョフが54歳の若さで書記長に就任したのである。

ゴルバチョフの前の書記長はいずれも高齢で、ブレジネフは75歳、アンドロポフは69歳、そしてチェルネンコは73歳で逝去していた。ソ連の長老政治は終焉し、チェルネンコの国葬の葬儀委員長を任されていたゴルバチョフが若きリーダーとして登場したのである。ゴルバチョフの喫緊の課題は20年もの間停滞を続けた経済の立て直しであった。この一連の改革を「ペレストロイカ」（再構築）と呼び大胆な改革を推進していった。従来の計画経済に限界を感じていた彼は、私企業を容認し、そして国営企業の改革にもメスを入れる。しかしあまりにも急激な変革は逆に社会的な混乱を生んでいた。ソ連の苦境に追い打ちをかけたのが1986年4月に起こったチェルノブイリ原発の事故である。未曾有の危機であるにもかかわらずゴルバチョフのもとへは情報が入ってこなかった。これを契機として彼は、グラスノスチ（情報公開）に乗り出す。そして、最大のネックとなっていた軍事費の増大を抜本的に見直す決断を行い、アフガニスタンからの撤退や西側との間で暗礁に乗り上げていた核軍縮を次々と進展させていった。レーガンと初めての首脳会談は、1985年11月にスイス・ジュネーブのレマン湖畔で行われた。

会談では、お互いの人間的な魅力をぶつけ合っていた。レーガンは「好きになってしまいそうだ」と得意のジョークを飛ばすほど打ち解けたものであったと言われる。ここで両首脳は、「核戦争に勝者はいない」と歩み寄り、そして86年10月のレイキャビクの首脳会談では、核兵器の全廃まで踏み込んでいた。この時はSDIがネックとなり話は進展できなかったが、1987年12月にはゴルバチョフがワシントンを訪問し、史上初の核軍縮条約である中距離核戦力全廃条約（INF条約）に調印していた。そして88年には、再びゴルバチョフがニューヨークを訪問し、国連総会で東欧からの兵力の撤収と、ソ連軍の総兵力を50万にするという大胆な軍縮を表明する。

冷戦は終焉しつつあった。欧州では、89年11月にベルリンの壁が倒壊するのである。

詳述は避けるが、この後ソ連の崩壊は進み、1991年8月に保守派によるクーデターが起こるが、図らずもゴルバチョフのライバルであったエリツィンがこれを鎮圧して、1991年

12月にソ連は名実ともに解体する。ゴルバチョフ就任から6年しかたっていないあっという間の出来事であった。しかもほとんど大きな紛争もなく達成されたのである。この中心にあったのがゴルバチョフでありレーガンであった。この2人に対する西側の評価は非常に高い。しかし、ロシア内では、結果としてソ連を解体してしまったゴルバチョフの評価は決して高くはない。近年のアンケート調査によると、国民の半数以上はソ連の解体は失敗だったと評価している。そして、何よりもゴルバチョフのペレストロイカで経済は大混乱し物不足は慢性化していた。そして、人々の生活は貧しくなっていた。プーチン大統領は、「ソ連の崩壊は20世紀最大の地政学的悲劇である」と振り返っており、その混乱は現在も続いている。

東西冷戦を終結させ、アメリカ経済を復活させたレーガンは、１９８９年1月20日に、政権の座を同じく共和党のジョージ・Ｈ・Ｗ・ブッシュに譲り渡すことになる。支持率は最後まで高かった。しかし、齢77のレーガンは、病に侵され始めていた。大統領職から離れて4年後にアルツハイマー病と診断される。そして、１９９４年11月5日、レーガンは国民に、「私はアルツハイマー病を患いました。私は今、人生のたそがれに向かう旅を始めようとしています」と最後のメッセージを公表していた。

２０００年の節目のギャラップ調査では「史上最も偉大な大統領」に選ばれている。

前述したようにレーガンはアイルランド系移民の末裔として生まれ育っている。アイルランド系と言えばケネディもそうである。この２人にリンカーンを加えた３人が最もアメリカで人気が高いと言われている。

東西冷戦の崩壊は、1989年11月の「ベルリンの壁崩壊」に始まるが、この年は、その後の歴史を変える大きな出来事が同時多発的に起こった年でもあった。6月には中国で天安門事件が勃発している。これによって、中国も経済発展が待ったなしの状況に追い込まれ、急速な外資導入を推進するきっかけとなっていた。日本でも1月に昭和天皇が崩御している。そして、12月には日経平均が3万8915円に達し、日本経済はピークをむかえていた。

5　日米貿易摩擦

ベルリンの壁が崩壊した1989年の世界の時価総額ランキングのトップ10の内、7社が日本企業であった（①NTT、②日本興業銀行、③住友銀行、④富士銀行、⑤第一勧業銀行、⑥IBM、⑦三菱銀行、⑧エクソン、⑨東京電力、⑩ロイヤル・ダッチ・シェル）。

国全体の時価総額も日本がアメリカの1・5倍まで差が開いていた。資本主義の支配者であり、世界の先端テクノロジーを独占し、ドルを基軸通貨にして世界経済のトップに君臨してきたアメリカがこの事態を許すわけはない。

ソ連に止めを刺したアメリカにとってもう一つの敵は、経済で世界を席巻している日本であった。レーガン大統領の時代、外交・安全保障面でレーガンと中曽根の関係は良好であったが、レーガン政権2期目に入ると、貿易赤字の拡大は抜き差しならない状況になり、経済摩擦が両国の友好関係に影を落としていた。

1985年、2期目のレーガンは、財務長官をリーガンからベーカーに代え、今度は歴史的なドル安政策に転換する。貿易赤字の解消は待ったなしの状況になっていたのである。リーガン前財務長官は、強いドルはアメリカの国益と見ていたが、新たに財務長官となったベーカーは、ドル高（円安）をドル安（円高）に転換する必要があると考え、イギリス、フランス、西ドイツ、そして日本の財務大臣をニューヨークのプラザホテルに召集し、ドル安政策を進めることで合意していた。

次期首相を狙っていた竹下蔵相も、ベーカーに積極的に協力する姿勢を見せていた。

しかし、アメリカがドル安で日本を攻めても、アメリカにとってはJカーブ効果（ドル安と貿易赤字の拡大が同時に進行してしまう現象）がおき、アメリカの赤字は簡単には減らなかった。これは、経済を知らないベーカー政策の大失敗であると、政財界から批判が集中していた。

一方、日本では、円高によって、例えば、外車の購入は増えたが、日本の富裕層が手にしたのは、アメリカ車ではなくドイツの高級車であるベンツやBMWであった。通貨政策で下駄を履かせたのはいいが、アメリカ企業には根本的な努力が不足していたのだ。

結局、ベーカーが行ったドル安政策は期待したほどの成果は生み出せず、アメリカ経済の復活は、その後のクリントン民主党政権下のロバート・ルービン財務長官に引き継がれることになる。

一方、ベーカーが策したプラザ合意による急速な円高の進行で、日本の産業は手痛い打撃を受けていた。そして、アメリカは日本に対し内需拡大と市場開放を強く迫るようになる。

「日本は経常収支の黒字を減らすため内需を拡大し、アメリカは浪費を削減する。そして、お互いの財政を立て直し世界経済の不均衡を是正しよう」というのが狙いであった。

この時に国内景気（内需拡大）の浮揚策として採られた低金利政策がバブル（不動産価格と株価の高騰）をつくり出していくのである。

そして、1988年に発動されたBIS規制がバブルで膨らんだ日本経済を崩壊に導く一大要因となっていく。BIS規制とは、BIS（国際決済銀行）による銀行の自己資本比率に対する国際的な取り決めのことである。
※自己資本比率の計算方法は以下となる。
自己資本比率＝自己資本÷総資本（貸出残高、有価証券）
（もし自己資本比率に上下限値を設定した場合、自己資本によって貸出総量は規制されることになる）

当時、欧米諸外国では、この自己資本比率は、６％以上であったが、日本の銀行は薄利で貸出を増やしていたので、自己資本比率は２〜３％であった。ＢＩＳはこれにルールを設けて国際業務を行う銀行に対して、自己資本比率を８％以上確保することを義務化するというのがＢＩＳ規制であった。

これによって、１９９２年ＢＩＳ規制本格適用に向け、融資先から資金回収を行うことになり、低金利で銀行から融資を受けてバブルを膨らませていた企業の倒産が相次いだ。

アメリカは、ソ連を封じ込めるためにＳＤＩ構想をぶち上げ揺さぶりを掛けたように、日本経済に対しては、プラザ合意、ＢＩＳ規制というワンツーパンチで日本を追い込んでいた。

そして、アメリカは、こうしたマクロ経済政策で日本を追い詰めただけでなく、自動車と半導体については更に厳しい対応を強いることになる。

自動車については、レーガン政権発足の直前、日本の自動車生産台数が１１００万台を超え世界一になっていた。アメリカで販売された車の約20％が日本車であった。背景には、オイルショックによるガソリン価格の高騰と排ガス規制がコンパクトで燃費が良い日本車の追い風となっていたことが挙げられる。

アメリカは車社会であり、ビッグ３（ＧＭ、フォード、クライスラー）は、アメリカ産業資本の象徴であり誇りでもあった。これに対する日本車の躍進はアメリカ人の矜持を傷つけ政治問題化していた。

アメリカの自動車産業のメッカであるデトロイトの街では、日本車がハンマーで叩き潰される映像がテレビで繰り返し放映されていた。

これに危機感を覚えた日本は、1981年に日本側が譲歩した形で対米自動車輸出自主規制を行うと共に日本のビッグ3（トヨタ、日産、ホンダ）が現地生産化を進めていた。82年にはホンダが主力車種「アコード」のオハイオ州での現地生産を行ったのを皮切りに、翌年には、日産がテネシー州で「ダットサントラック」の生産を開始していた。そして現地生産に慎重であったトヨタがGMと合弁会社（NUMMI）を設立する。そして、80年代中盤にはアメリカに対し350万台規模の自動車輸出をしていたが、自主規制と現地生産化によって、10年後には約3分の1に減少している。

自動車は現地生産化と輸出自主規制で、何とかアメリカとの折り合いをつけることができたが、半導体に関しては徹底的に日本潰しが行われた。繰り返すが、半導体は、航空・宇宙、そして軍事といった先端技術を支える戦略部品であり、アメリカにとっては、これを日本に握られるわけにはいかなかったのだ。1986年、アメリカは政治力にものをいわせて、日米半導体協定を締結し日本製半導体は追い込まれていく。「日本の半導体は不当に安く販売されている」「市場が閉鎖的である」とアメリカは厳しく日本を牽制していた。協定の中身としては、日本半導体市場における外国製のシェアを20％以上にすることが密かに決められていたと言われている。そして日本メーカーのダンピング防止という名目で公正市場価格を設定して価格の下限値が決められてしまう。

１９８６年の半導体売上ランキングをみると、①ＮＥＣ、②日立、③東芝、④モトローラ、⑤テキサス・インスツルメンツ、⑥フィリップス、⑦富士通、⑧松下電器産業、⑨三菱電機、⑩インテル、と日本メーカーは10社中６社を占めていた（当時日本が強かったのは日本が開発したＤＲＡＭと呼ばれるメモリ半導体であり、演算用ＣＰＵはインテルが支配していた）。

しかし、この半導体協定の結果、１９９２年にはインテルが首位に返り咲き、翌年には全体シェアでアメリカが再び首位に立つことになる。更には、公正市場価格の制約のない韓国のサムスンが台頭することとなり、日本製半導体凋落のきっかけとなっていく。

アメリカが繰り出した様々な禁じ手によって日本経済の外堀は埋められていった。問題は内堀である。日本はその後マクロ経済政策の錯誤を繰り返し、自らの手でこの内堀まで埋めてしまったのである。政治家、官僚、中央銀行のエリートたちは、日本にとって良かれと思う政策を繰り出すが、上手くかみ合わず日本経済は迷走していった。

次章では、本章で述べてきた世界経済の環境変化に対して日本がどのように対峙していったのかを見てみたいと思う。

第2章　日本経済を襲った地殻変動

1　バブルの崩壊とマクロ経済政策を誤った日本

円高による景気の低迷を底上げするために、プラザ合意の翌年の１９８６年に日本銀行の澄田総裁は大幅な金融緩和に舵を切った。そして、景気の過熱を懸念し始めた矢先に、アメリカでブラック・マンデー（１９８７年10月19日、ダウ平均株価が一日で約23％暴落。これに連動して日経平均も約15％暴落）が勃発する。これに対し、ドルの暴落、世界金融恐慌を怖れた日銀は、金融引き締めに転換するタイミングを逸し、金融緩和を継続せざるを得なくなってしまう。この低金利環境の中で、資金が企業の新規事業などに向かえば良かったのだが、資金の流れは、不動産と株式市場に向かってしまった。そして株価は、１９８９年12月29日の大納会に最高値３万８９１５円のピークをつけるまで過熱の一途をたどってしまう。「株と不動産」この二つは１９６０～70年ごろまでは一般市民にとって「胡散臭さ」の代名詞であったが、80年ごろには抵抗感は薄れ、多くの富裕層が一攫千金を夢見て銀行等からの融資を受けていた。日本の不動産全体がアメリカ全体の４倍にまで膨れ上がり、株式市場の時価総額はアメリカの

１・５倍まで膨らんでいた。そして、これらが実態から大きく乖離した数値にまで膨れ上がっていたことに薄々気づくものも増えていった。この熱を何とか冷ます必要があると、多くの官僚や政府関係者は焦り始めていた。痺れを切らした大蔵省は、１９９０年３月27日に「土居局長通達」を出す。

言わずと知れた総量規制（不動産融資総量規制）である。不動産向け融資の伸び率を貸し出し全体の伸び率を下回るよう求めたものである。背景には、「ここまで不動産価格が高騰しては普通のサラリーマンは家を買えない」といった世論の声に後押しされた海部首相、橋本大蔵大臣が何らかの規制を掛けざるを得なかったのである。しかし、薬は効きすぎてしまう。この総量規制によって「土地バブル」は崩壊し、土地の価格は上がり続けることを前提としていた日本の金融システムは崩壊することになる。

もう一つ大きな規制改革は、営業特金を禁止したことである。当時、企業は資金運用を証券会社に丸投げしていた。これは何を意味するかと言えば、証券会社が企業に損しないように一定の儲けを保証していたのである（利回り保証）。そして損した場合「損失補塡」を行うことが常態化していた（88年９月から90年３月までの間に証券界全体で約１７００億円の損失補塡が行われていた）。これを廃止したことも株価の下落に拍車を掛けていた。

しかしながら、日本経済において不動産と株が異常値であっただけで、経済全体でみると、例えば、インフレ率は３％程度であり、失業率も３％を切るような安定したものであった。

従って、この二つの行政指導は、バブルの癌の部分に直接放射線を照射したようなものである。ここに留めておけば傷口はまだ浅かったと思われたが、中央銀行が行った政策が止めを刺してしまった。

1990年8月30日、「平成の鬼平」といわれた日銀の三重野総裁は、日本経済全体に喝を入れるため澄田総裁が行った利上げに加え、更なる「金融引き締め」（金利を上げる）を行ってしまう。これによって、癌細胞以外の健康な細胞にまで悪影響を与えることになったのである。そして9月末には株価は最高値から約半分にまで落ち込んでしまう。そして、これに先述したBIS規制が追い打ちを掛けていくのである。

政治の混乱も続いていた。1993年7月、リクルート事件（詳細は後述する）のダメージから抜け切れていない自民党は衆議院議員総選挙で過半数に届かず、ついに55年体制は崩れ去ることになる。そして内閣は、宮澤内閣から非自民の細川内閣に代わっていた。

細川内閣の次は羽田内閣と非自民非共産連立政権が続き、1994年6月には自社さ連立内閣が誕生する。長い間対立関係にあった自民党と社会党が手を組んだのである。経済復興のため国民を交えた喧々諤々の政策論議で国会を沸かさなければならない時に、政治は安定せず権力闘争に明け暮れていた。

2　コストカット経済（日本を襲った2度の円高）

バブルの崩壊は、コストカット経済の始まりでもあった。それは出口の見えないトンネルであった。

この点に関しては、私が体験した自動車業界を中心に書いてみたい。

コストカット経済の最初の波は、プラザ合意（１９８５年）に始まる円高への対応である。プラザ合意時点の為替レートは１ドル２４０円近辺であったが、円は1年で約30％高くなり１６０円前後まで高騰していた。

自動車メーカー各社の主要な収益源は輸出車であり、そこに急激な円高である。経営への影響は甚大であった。この最初の円高は1ドル79円をつけた１９９５年にピークを迎える。この時点で円は実に3倍も上昇したことになる。10年もの間でこれだけ経営環境が変わるというのは前代未聞の事態であった。

これに拍車を掛けていたのが、国内市場での熾烈な販売競争であった。日本では、自動車メーカーが淘汰されずトラックを含めると何と11社（トヨタ、日産、ホンダ、マツダ、三菱、スズキ、ダイハツ、富士重工、いすゞ、日野、日産ディーゼル）がしのぎを削っていた。自動車メーカー各社の国内販売は「薄利多売」の状況にあったのである。

これは自動車だけではなく、日本の製造業全体の姿であった。日本は競合する会社が他国に比べて多すぎるのだ。技術競争を多数の会社が切磋琢磨している間は良いが、技術競争が終焉し商品がコモディティ化した場合、価格競争でお互いが疲弊してしまうのである。これが既に飽和状態にあった国内市場におけるデフレ要因の一つであったことは間違いないであろう。

１９８６年、プラザ合意から約1年が経過していた。円高によって収益が圧迫された分についてコストを下げて収益を維持しなければならなくなる。このころから、新車のコスト目標が、現行車比マイナス数十%という途方もないものになっていた。

更に、自動車メーカー各社は、部品メーカーの幹部を招集し、現行車（現在販売されている車）の原価低減をいつになく厳しく要請し始めた。車の原価の50%は部品・材料が占めており、購入する部品価格の低減が収益改善の肝となっていたためである。そして、過去に前例が無いほどの厳しい目標値が部品メーカーに示達されていた。これら厳しい要求に対応するために部品メーカーは独自の合理化活動の他に、自動車メーカーから原価低減のスペシャリストが派遣され、製造現場の指導が行われていた。

更に、ＶＡ活動と呼ばれる、仕様・図面を総点検して過剰品質の適正化や商品企画のスリム化が徹底して行われていった。勿論、その成果の多くは自動車メーカーに還元されることになる。トヨタ・日産などは「系列」と呼ばれる部品メーカーを傘下におさめており、運命共同体としてグループを挙げた協力体制を築き上げていた。

しかし、このような部品メーカーと一体となった努力にもかかわらず自動車メーカーの収益は悪化の一途を辿っていた。特に日産はこの円高によって、１９８８年に２・４％あった純利益率は、92年に▲０・９％と赤字となり、93年には▲１・５％、94年には更に悪化して▲２・８％になっていた。そしてこのまま赤字体質から抜け出すことができず、１９９９年にはルノーに救済を求め、カルロス・ゴーンに経営を委ねることになる。しかし、当時を振り返ると、日産だけが決算に苦しんでいたわけではない。実はトヨタやホンダも決して安泰ではなかったのである。

このプラザ合意から10年、いかに日本の自動車産業が危機的状況にあったのか、図３、図４のグラフを見て頂きたい。プラザ合意からの円高はあまりにも急激であったのである（繰り返すが１９８５年の２４０円から１９９５年の最高値79円までたった10年間で通貨が３倍高くなるのは異常事態である）。

しかし、アメリカの方も過度なドル安政策をしたにもかかわらず、その効果は薄く弊害の方が大きくなっていた。１９９５年に新しく財務長官となったロバート・ルービンが「強いドルはアメリカの国益」と発言するようになる。アメリカは世界最大の対外純債務国である。金利を上げて世界中の投資資金をアメリカに引き付けておく必要があったのである。このルービンのドル高（円安）宣言以降、ドル円レートは反転し、今度は年間の平均レートで40％も円安に

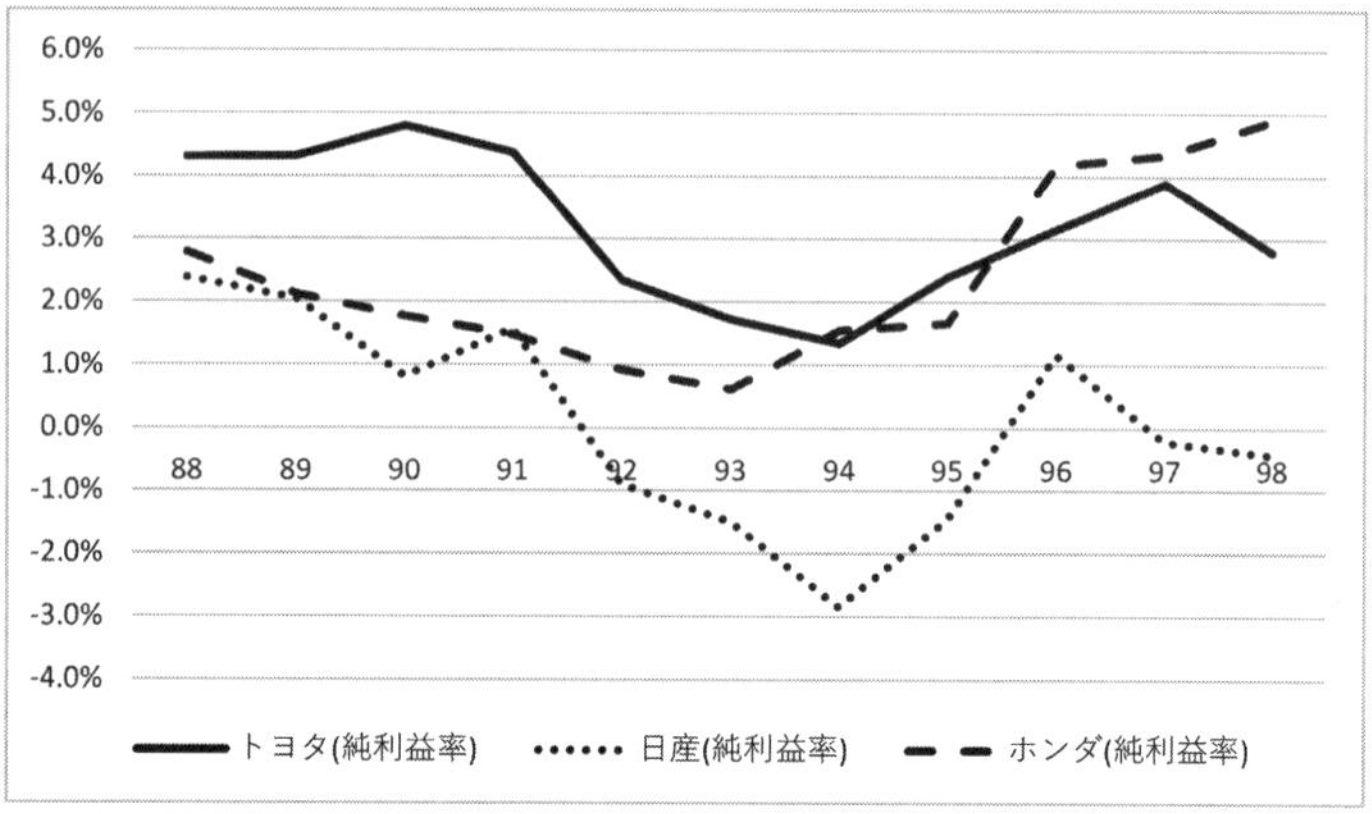

※各社の有価証券報告書より筆者作成

【図3】日本Big３：純利益率の推移

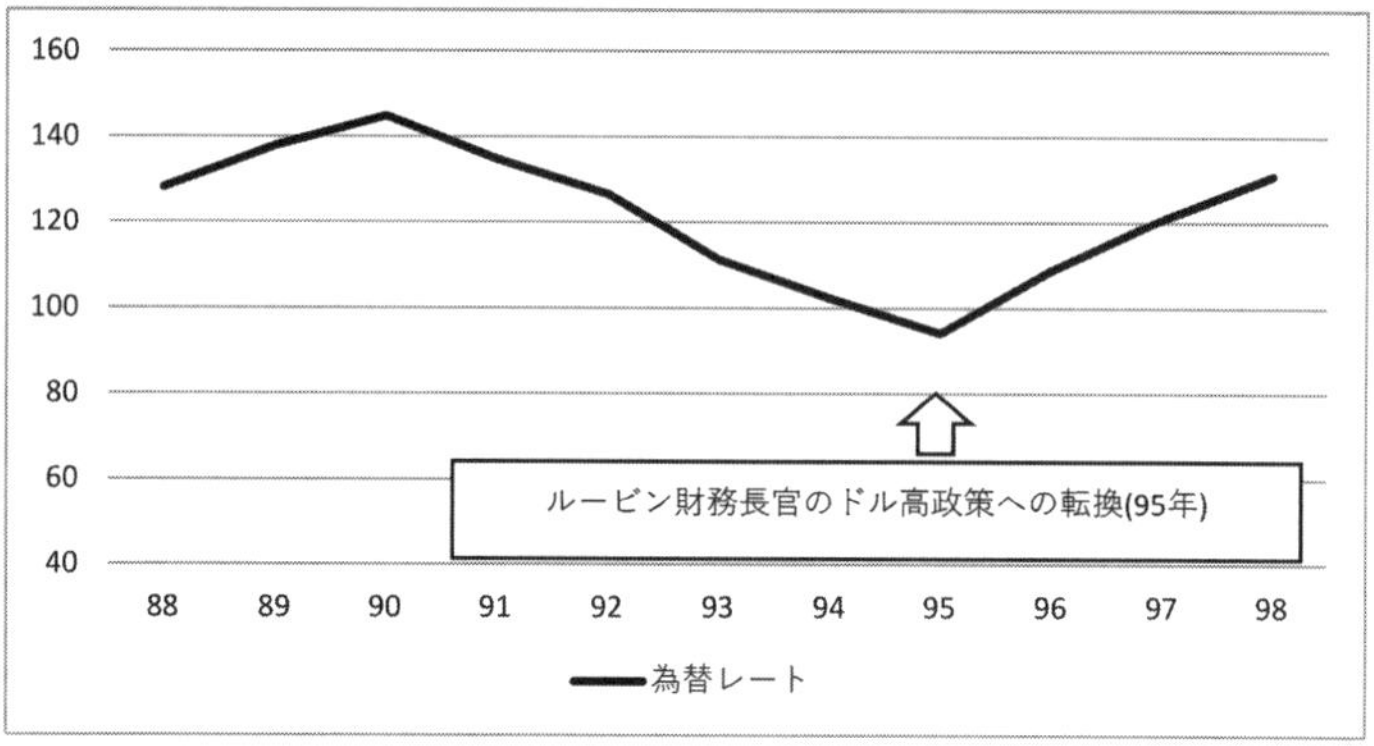

※世界経済のネタ帳(出典：IMF Data) より筆者作成　https://ecodb.net/exchange/

８８年から９８年でみたドル円レートとトヨタの純利益率の相関係数は0.76であり極めて相関関係が高い。

【図4】為替レート（ドル円）

なる。これに伴い、日本の自動車業界ビッグ３の収益は大幅に改善する。

　トヨタ自動車は94年に１・３％まで落ち込んでいた純利益は97年には３・９％まで回復し、日産も▲２・８％から▲０・２％まで回復するが、日産の場合92年から赤字が累積していたため、屈辱的なルノーとの提携に至るのである。勿論その経緯については、日産特有の事情もあった。労働組合のドンといわれた塩路一郎との権力闘争、海外オペレーションの失敗など様々な複合要因が絡み合っていた。

　１９７０年後半、当時の石原俊社長は「国内での販売競争ではトヨタに勝てない。これからは海外の時代である」とインタビューに答えていた。後に功罪が問われることになる「グローバル10」（世界シェア10％を目指すというもの）である。戦略的には慧眼であったが、体制がきちんと整う前に急激に海外に生産シフトしたため収益悪化を招いたのだ。また、海外製の部素材をそのまま使用することはできなかったため、結局「系列」部品メーカーが現地生産化した割高な部品を使うことになりこれも収益を悪化させていた。一方、販売面では、80年代後半に掛けて、高級車「シーマ」をはじめ、「シルビア」、「スカイラインＧＴ－Ｒ」、「フェアレディＺ」とヒットを飛ばし、一時期はトヨタからシェアを奪う局面もあった。そして、組合のドン塩路一郎も１９８７年には退職しており、やっと回復軌道に乗りかけた矢先の急激な円高であった。もしこのような円高が10年も続いていなければ、日産の将来もまた違ったものになっていたのではないかと思う。

トヨタにおいても、もしルービンのドル高政策への転換がもっと先にずれ込んでいたならば、海外メーカーによる救済という事態までいかなかったにせよ、ハイブリッド車やレクサスブランドによって世界一の座を揺るぎないものにした現在のトヨタの姿も違ったものになっていた可能性もあったのである。

ホンダも日産同様に90年代前半までは苦しい状況が続いていた。あのころは、ホンダが三菱自動車と経営統合という風聞があったほどである。ホンダのメインバンクは三菱銀行であり十分にあり得る話であった。グループ全体の力が弱いホンダは、90年代前半までは日産以上に厳しい状態にあったのである。その後、ホンダは94年に発売した「オデッセイ」が大当たりしミニバンブームの火付け役になる。更に「ステップワゴン」、そして空前のヒット車となった「フィット」を発表し、苦戦に喘ぐ日産を尻目に大躍進を遂げる。そして北米では、「アコード」がアメリカの若者の間でブームとなり経営危機からいち早く脱していた。図3の純利益の推移を見れば一目瞭然である。90年代前半は日産同様に苦しんでいたが後半は販売好調と円安の追い風に乗りトヨタまでをも凌駕していた。

日産もヒット車を飛ばし回復したいところであったが、ルノーに救済される99年までの最後の数年間は資金が底を突いていた。当時の日産は、試作品を購入するための金がなく実験ができないと嘆くほどの金欠状態にあったのである。

バブル崩壊までは、「技術の日産」として新しいマーケットを開拓し市場を盛り上げてきたのは日産であり、その日産が外資によって救済される事態まで凋落してしまったことは残念でならない。

１９９５年以降、1ドルが再び１００円を超え、その後、２００８年のリーマンショックまでの13年間は、１１０〜１２０円のレートが続くことになる。その間、トヨタ・ホンダ・日産共に収益は大幅に改善し、２００３年にはトヨタは史上初の純利益1兆円を記録している。

為替による2度目の危機は２００８年に起こったリーマンショック後の円高である。この時、1ドル１２０円前後まで回復していた為替レートは、再び1ドル70円台まで上昇していた。

この時も衝撃的であった。現在、一部の学者やジャーナリストは、アベノミクスによる金融緩和に連動した円安を悪者にして、円安で安易に利益が出るようになって企業が合理化を怠ってきたと指摘しているが、実際の現場感覚（特に自動車業界）とは大きくずれた発言と言わざるを得ない。この円高はあまりにも急速に進み、変動幅も大きく期間も長かったのである。２０１１年には円高が原因で倒産した企業が前年よりも36％も増加している。そして、この急激な変化への対応は特に自動車業界では厳しかったのである。図5、図6を参照すればリーマンショックからのV字回復にアベノミクスによる円安が拍車を掛けていることが見て取れる。

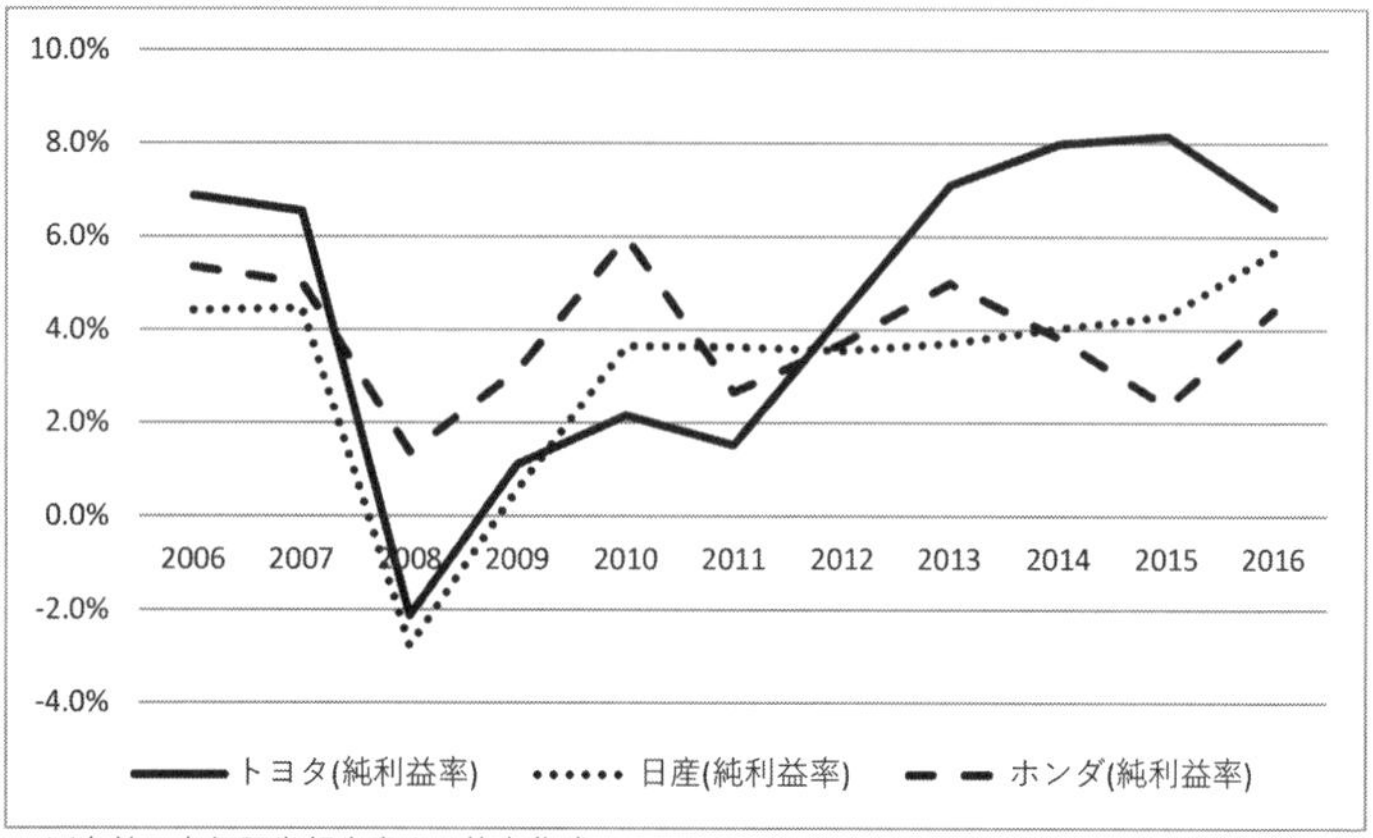

※各社の有価証券報告書より筆者作成

【図５】日本Big３：純利益率の推移

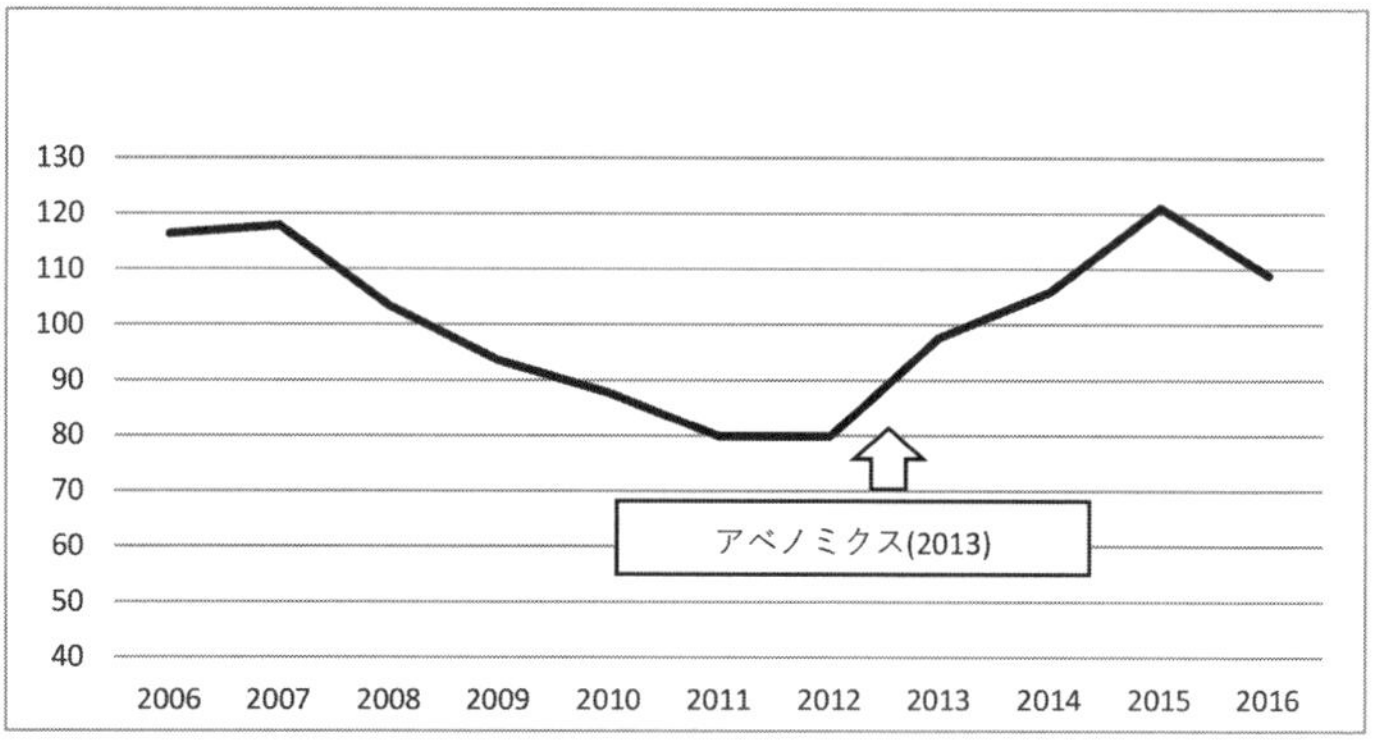

※世界経済のネタ帳(出典：IMF Data) より筆者作成　https://ecodb.net/exchange/

【図６】為替レート（ドル円）

この時の円高がいかに日本の「ものづくり」に深刻なダメージを与えたのか具体例を挙げてみたい。

日本のものづくりを支えてきた金型産業は、リーマンショック後の円高で壊滅的な打撃を受けていた。この当時、自動車業界では、金型の生産拠点が日本というだけで見積もりを簡単には受け付けてもらえなかった。当時ＬＣＣ（Low Cost Country）と言われた中国などで生産した場合、日本よりも約30％安かったからである。30％を生産性向上でリカバーすることは不可能であった。何故ならば、日本の製造現場での生産性（生産リードタイム、歩留まり等）は既に世界最高レベルであり、ＬＣＣとの差をキャッチアップするには、賃金やボーナスの上昇を抑制するだけでは追いつけず、リストラをするか外資との提携しかなかったのである。そして、もともと財務体質が脆弱であった中小企業の多くはこの環境に耐え切れず、倒産、廃業する会社が後を絶たなくなっていた。ピーク時に1万５０００社以上あった金型企業は、この時に１万社まで減少していた。

一番の衝撃は、２００９年に自動車用金型大手のオギハラの筆頭株主がタイの大手部品メーカーであるサミットになったことである。更にメイン工場の一つであった館林工場が中国のＢＹＤに買収されてしまう。オギハラのような大手はまだ提携という道があったが、多くの零細金型メーカーはなくなり、日本の「ものづくり」を支えてきた金型技術は海を渡っていった。

製造業（特に自動車業界）の視点でいうと、この円高環境下で中国といった新興国とのグローバル競争にさらされたことがデフレ経済を加速させた要因の一つであったことは紛れもない事実である。

デフレとは、物価（全ての価格の加重平均値）が2年連続で下がる現象である。

消費者にとっては一見望ましいと思われがちだが、給料を支払う側からすれば売り上げが上がらないから給料を上げられないのである。給料が上がらず物価が下がるため、現金の価値は増し、お金は貯蓄に回した方が得策となる。そして消費を控えればさらに企業の売り上げが下がる。これがスパイラル状態に陥る最悪の状況になってしまうのだ。従って、インフレよりも厄介なのがこのデフレである。

知り合いの金型会社の担当者は自嘲気味に「一昔前は、昼食に700円の定食を食べられたが、それが500円の牛丼か立ち食いそばになり、最近それも厳しくなりました。そして、今やスーパーの300円弁当になりましたよ。助かるのは、日本の食事は安くても美味しいことかな」とぼやいていた。

ソ連の崩壊によるグローバル経済の出現によって日本は台頭する中国と競合し、低価格競争の波にのみ込まれてしまった。当時、日中の賃金に圧倒的な開きがある中で、日本は同等以上の競争をするためにリストラを強いられ、残された者も賃金を上げることはできなかったのである。そして問題は、これに加え円高がさらに拍車を掛けていたことである。もし、70〜80円台の円高ではなく、１１０〜１２０円程度の為替レートであれば事態はここまで悪化していなかったと思われる。

同じことは、東アジアだけではなくて欧州でも起こっていた。２００４年以降、同じく低賃金の東ヨーロッパがユーロに組み込まれたのである。私はその当時、欧州に赴任していたからよく覚えている。ルック・イーストと銘打って西側の工場は、賃金の安い東ヨーロッパに生産拠点を移管していった。しかし、東欧の一人当たりＧＤＰは西側の5分の1程度であり、東アジアでの日本と中国ほどの開きはなかった。またユーロは当時ギリシャなどの政府債務危機の影響などで比較的安く、ドイツなどの欧州先進工業国は日本ほどのダメージは受けていなかったのである。

※多くの東欧諸国がＥＵに加盟した２００４年のドイツとポーランドの一人当たりＧＤＰの差は約5倍であったのに対し同じ時期、日本と中国の差は25倍にのぼっていた。

それでは自動車産業以外のエレクトロニクス産業はどうであったか。

半導体産業の復活を期待され誕生したエルピーダメモリ（１９９９年にＮＥＣと日立のＤＲＡＭ事業部門が統合した半導体会社で２０１２年に会社更生法適用）の経営破綻は勿論経営上の問題もあったであろう。しかし、最大の要因は、円高ではないかと思われる。ライバルである韓国の通貨ウォンとの差がリーマン前後で60％に振れてしまった。これを経営努力でリカバーしろとは無理があったのである。
イェール大学の浜田宏一名誉教授は以下に述べている（浜田宏一『アメリカは日本経済の復活を知っている』講談社、２０１３年より）。

韓国のように三十パーセントもウォン安となった国と競争するには、六十パーセント以上の不利な条件となり、そのためにエルピーダは倒産した。産業構造や競争力を具体的に考えなければ、この企業の痛みは分からない。

このころ日本のマスコミは円高に対し「日本は国内が空洞化してこのままでは亡国となってしまう」と叫んでいた。「1ドル１５０円でなければ海外と競争できない」と騒いでいた評論家までいたのである。

一方、円高以降のアベノミクスなどによる円安こそが問題であったと「円安悪玉論」を唱える経済学者もいる。元大蔵官僚で一橋大学名誉教授である野口悠紀雄氏がその一人である（野口悠紀雄『円安が日本を滅ぼす　米韓台に学ぶ日本再生の道』中央公論新社、２０２２年より）。

日本を衰退させた基本的原因は、中国工業化への対処の誤りだ。本来は、技術革新で中国製品と差別化を図るべきだった。しかし、日本は、中国との価格競争で苦境に陥った産業を救済するため、賃金を抑え、かつ為替レートを円安に誘導した。

そのために、古い産業が残り、技術革新が停滞して、経済全体が衰退したのだ。

失われた30年は複合要因である。従って、野口氏の視点も要因の一つかもしれないが、「古い産業が残り、技術革新が停滞した」のは、円安というよりは、スタートアップ（ベンチャー）を育てられなかったことが主要因ではないか。この点は「第3章　アニマルスピリットを失った日本」で詳述する。

それでは何故、中国の台頭に加え円高というダブルショックが日本を襲ったのか。日本以外の国でも中国の台頭はあったが、何故日本だけがデフレになってしまったのか。

これに対し、第二次安倍政権を支えたリフレ派と呼ばれる経済学者たちは、マネタリーベースつまり貨幣供給量を増やさなかったことが円高そしてデフレ定着の根本原因であると考え、当時の日銀を含めた政府関係者の金融・財政政策を批判しているのである。

つまり、リーマンショック以降、英米欧が金融緩和（ポンドやドルそしてユーロの貨幣供給量を2～3倍規模増大させた）にもかかわらず、日銀が円の供給量を増やさなかったため、円が不足し、円の相対的な価値が上昇し円高になってしまったのである。この影響で輸入品が安価となり、それに対抗するため国内生産者は価格を下げざるを得なくなったというわけである。そして輸出においては為替差損が発生しグローバル企業の足を引っ張ることになる。日本が高インフレ状態であれば金融引き締めは有効な政策であったが、既にデフレ基調にあった日本経済にとっては過酷であった。そして、もしこの時点で日本が金融緩和を行っていれば、円高不況は起こらず、リストラで行き場を失ったエンジニアが海を渡ることもなかったのである。

そして、これを是正しようとしたのがアベノミクスであった（アベノミクスについては第4章で詳述する）。

そして、もう一つコストカット経済を決定的にしたのが株主資本主義である。これは90年代末日産自動車にカルロス・ゴーンがトップとして招かれたあたりから日本に定着したように思える。この株主資本主義によって、ステークホルダーの優先順位のトップに株主がきた。さらには四半期決算の導入によって短期で経営が評価されるようになってしまった。これにより中長期的な収益計画よりもコストカットなどによって目先の収益を挙げることが優先されていった。日本が問題であったのは、四半期決算というアメリカからの要請に真面目に対応しすぎたことではないかと思う。台湾の世界最大の半導体メーカーであるＴＳＭＣやアメリカのＧＡＦＡなどは、四半期決算にとらわれず、長期投資を積極的に進めていたのだ。

3　国外へ向かった投資

繰り返すが、アメリカからの強力な圧力と円高に対応するため、輸出（特に自動車やエレクトロニクス）は次第に現地生産に切り替わっていった。日本の自動車輸出台数は1985年に673万台であったものが、1990年には583万台に減少し、プラザ合意以降円高のピークとなる1995年には379万台にまで落ち込んでいる。10年で半分になったのである。一方、現地生産台数は1985年に89万台に過ぎなかったものが、1990年には326万台、1995年には556万台に膨らんでいた。

2022年時点ではこの数はなんと1696万台になっている。この分は日本のGDPにはカウントされていない。他国のGDPにカウントされてしまう数値である。日本の自動車産業は世界シェア1位になったにもかかわらずGDPの増加には大きく貢献していないのである。エレクトロニクス関連企業も自動車と同様の動きであったと思われる。

しかし、この現地生産化された売り上げは配当やロイヤリティとして日本の貴重な外貨獲得の手段となっていることも強調しておきたい。つまり、日本はこの30年間で外貨を稼ぐ構造が変わったのである。

1990年代から2000年代の前半くらいまでは、経常収支の黒字といえば貿易収支が支えていた。日本は、主要な原材料を輸入し国内で生産し完成品等を輸出して稼いでいたのだ。

それが２０１０年以降稼ぐことができなくなり（現在は輸入の方が多い貿易赤字になっている）、反対に貿易外収支の黒字によって経常収支全体は黒字となっているのである（経常収支は２０００年の13・6兆円から２０２３年には倍近くの25・1兆円に膨らんでいる）。

付け加えると、貿易外収支の中で黒字なのは、第一次所得収支である。これは２０００年代までは証券投資によるものが多かったが、現在は直接投資に対する資金回収がメインになってきており、これが稼ぎ頭になっている（その額は何と35・6兆円にのぼる）。またサービス収支と呼ばれるものがあり、内訳としては、旅行収支が３・６兆円の黒字となっている一方、コンサルティングサービスや通

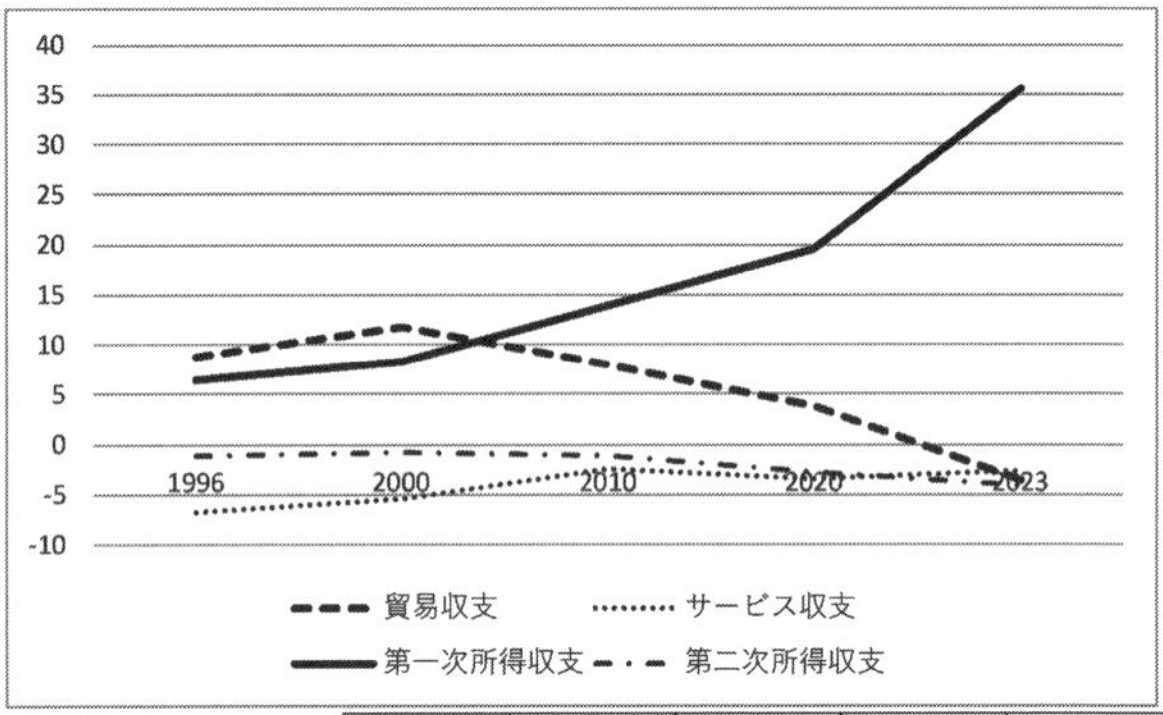

	1996	2000	2010	2020	2023
貿易収支	8.8	11.7	8	3.8	-3.7
サービス収支	-6.8	-5.4	-2.5	-3.5	-2.6
第一次所得収支	6.5	8.2	13.9	19.5	35.6
第二次所得収支	-1.1	-0.9	-1.2	-2.8	-4.2
経常収支	**7.4**	**13.6**	**18.2**	**17.0**	**25.1**

※財務省　国際収支状況より筆者作成

https://www.mof.go.jp/policy/international_policy/reference/balance_of_payments/index.htm

【図７】項目別国際収支推移（兆円）

信・コンピューター・情報サービスが赤字でありサービス収支全体では2・6兆円の赤字となっている。

悲観バイアスに掛かっている日本のメディアはこの貿易収支とサービス収支の赤字をことさら騒ぎ立て「稼げなくなった日本」を強調しているが、稼ぐ構造が変わったのである。

一つ付け加えておくと、何故経常収支が黒字であるのにもかかわらず、150円を超える円安になるのか、その原因の一つは、貿易外収支の一つである第一次所得収支で稼いだお金がドルから円に換金されず、ドルのまま再投資されているからである。つまり、黒字の多くは国内に還流されていないのである。逆に考えれば、日米金利差を縮め国内に有望な投資先があれば、お金の流れは大きく変わるのである。

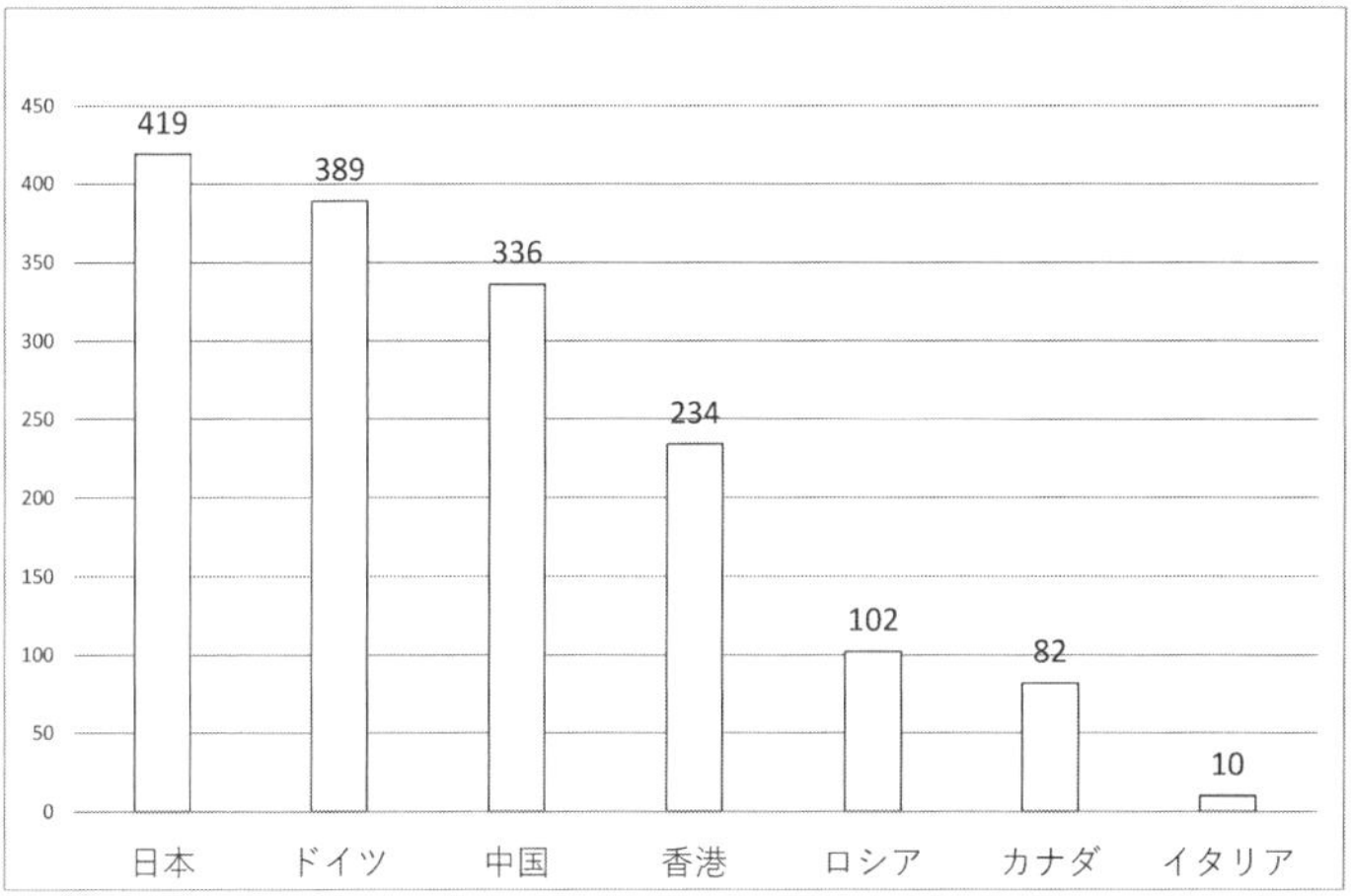

※日本は2023年末時点で471兆円となっている

【図8】対外純資産ランキング（2022年末：兆円）

これまでフローを中心とした話をしてきたが、ストックはどうであろう。日本のメディアがあまり話題にしない指標に「対外純資産」というものがある。日本政府だけでなく、個人、企業が外国に保有する資産（対外資産）から、外国からお金を借りている分（対外負債）を差し引いた金額のことであり、この純資産について30年以上日本は世界一となっている。これは日本の財務的な信用力を立証するものであり、多くの機関投資家が「日本国債のデフォルトリスクは、今のところほとんど無い」と考えている背景の一つにはこの数値があると言われている。

一方、この視点で見た場合、世界最大の対外純債務国はアメリカである（約２０００兆円の赤字）。アメリカは途方もない借金を抱えているのである。アメリカドルは世界の基軸通貨であり足りなくなればドルを増刷すれば良いのであるが、もし覇権国家から陥落した場合ドルは暴落し大変な事態に陥ってしまうのである。だからこそアメリカは常にトップとして走り続けなければならないのである。

4　リセットが必要であった金融業界

製造業界以上に波乱に満ちていたのが金融業界であった。

問題の核心となっていた不良債権とその処理について簡単に説明しておく。

銀行が取引先企業に運転資金や設備投資に対する資金を貸し付けていただけならばよかった

が、バブルの時代では不動産を担保にとって財テク資金までも貸し付けていた。そして、バブル崩壊（不動産価格が下落）し担保価値が低下したことで、お金を貸せなくなる貸し渋りが発生する。一方、銀行自体の資金難によって企業に対し貸付金の返済を求めるようになる（貸し剥がし）。これに銀行からお金を借りてきた企業が対応できなくなり倒産する企業が相次いでいった。これに対し銀行は担保を押さえにいくが既に不動産価格は下落し元が取れない状態になる。これが所謂不良債権問題と呼ばれるものである（土地資産の総額は１９９０年に約２５００兆円あったものが、２００４年には約１２００兆円に半減している）。この不良債権を処理するためには、銀行が債務放棄し貸倒損失として計上するか、株式化して売却するか、債権回収会社に安値で引き取ってもらうかしかなくなる。いずれの方法を取ったとしても銀行の経営は苦しくなる。これを一行で抱えることが厳しくなり、銀行の再編が起こったのである。これが３大メガバンクの誕生に繋がっていくことになる。

１９９６年には東京銀行と三菱銀行が合併して東京三菱銀行となる。２００１年には三和銀行と東海銀行が合併してＵＦＪ銀行が、そしてこの２行が合併して２００６年に三菱東京ＵＦＪ銀行（現在の三菱ＵＦＪ銀行）が生まれる。一方、１９９０年に太陽神戸銀行と三井銀行が合併して太陽神戸三井銀行（さくら銀行）となり、同行は２００１年には住友銀行と合併して三井住友銀行が誕生する。

更に、２０００年に第一勧業銀行と富士銀行と日本興業銀行が合併してみずほ銀行が生まれる。これによって、十数年の間に、10の銀行が３つに統合されたことになる。また、３大メガバンクには入っていないが、２００２年にはあさひ銀行と大和銀行が合併してりそな銀行が生まれている。そして、日本興業銀行と共に日本の長期金融を担っていた日本長期信用銀行は１９９８年に経営破綻・一時国有化された際には、数兆円に及ぶ公的資金が投入されていた。これをアメリカのリップルウッドがわずか10億円で買収、リップルウッドはその後、自己資金を１２００億円投入し新生銀行として再生させ、２００４年に上場した際には２２００億円以上の利益を得ている（２０２１年にSBIホールディングスが連結子会社化しSBIグループの一員となり２０２３年にSBI新生銀行となっている）。そして長期金融の残りの一行である日本債券信用銀行も１９９８年に経営破綻し一時国有化され、２００１年には、あおぞら銀行に行名変更している。１９９７年には北海道拓殖銀行が経営破綻し、山一證券が自主廃業している。

この間に、最大約８％もあった不良債権比率は２００６年には１・５％まで低下している。銀行が処理した不良債権処分損の累計（１９９２年から２００６年まで）は約97兆円、GDPの約２割にのぼる金額であった。

問題は、何故この不良債権処理に15年も掛かったのかである。どこに不良債権が隠れているかわからない不確実な社会が到来した時に、一気に不良債権を定義し排除すればよかったのであるが、金融業界は安定的にゆっくりと徐々に進めれば良いと考えていた。１９９２年宮澤内閣は、公的資金導入による早期解決を目論む不良債権処理案を提案するが退けられてしまう。

そして、１９９７年から98年にかけての一連の大手金融機関の連鎖破綻を受け、やっと本格的な対応を始めたのだ。日本にとって不幸であったのは、この90年代は自民党の55年体制が崩れ、政治の状況が極めて不安定な時期と重なってしまったことである（90年代に内閣総理大臣は７名誕生しており、短期政権が続いていた）。

一方、アメリカを震源地として世界中を巻き込んだ２００８年の「リーマンショック」の時、日本のバブル崩壊と不良債権処理等から様々な教訓を学んでいたアメリカは一気に信用不安を払拭し、数年後には、まるで何もなかったかのように復活している。勿論、サブプライム問題が発生した当初の対応は遅かったが、リーマン・ブラザースが破綻してからの対応は電光石火の如きスピードで対処していた。

この時のアメリカの対応を賞賛する声は大きいが、光があれば影もある。

このリーマンショック前後のアメリカ社会の歪み方も凄まじい。働き盛りの白人の自殺率は１・５倍に増え、麻薬中毒によって死亡した人が5倍以上になっている。そして、リーマンショックでボトムを付けた株価が回復する過程で膨らんだキャピタルゲイン（株式等の売り買いによる利益）とインカムゲイン（株式等の配当）の多くを富裕層が持っていったのである。アメリカ社会の中で落ちこぼれたプアホワイトを中心に怒りが臨界点に達していく。その象徴となったのが２０１７年のトランプ大統領の出現であった。

第3章　アニマルスピリットを失った日本

1　天才江副を潰した日本

何故、日本にベンチャーが育たなかったのか。GAFAは何故日本に生まれなかったのか。よく問いかけられる問題である。日本はかつて、ソニーやホンダを生んだ国である。ほかにも先進的な会社の多くを輩出している。DNAの問題ではないであろう。問いかけを変えて、「何故、バブル崩壊以降にベンチャーが育たなかったのか」としたらどうであろう。この問いに一つの答えを求めるために、本章では江副浩正という男に焦点を当ててみたい。この稀代の天才実業家を振り返ることで、停滞の30年という時代の背景に何があったかを垣間見ることができるからである。

江副浩正は、1936年に愛媛県に生まれる。甲南中学・高校を経て、東京大学教育学部に入学後、東京大学新聞編集部に入り頭角を現す。東大生を求める企業と就職先を模索する学生のニーズを結び付け、企業側から広告収入を受け取り、学生には就職情報を無料で配布するというビジネスモデルに江副は着目した。彼のユニークなところは、花形の企画や編集の側に回らず、企業への泥臭い営業活動を率先して担当したことである。彼はこの経験を通じて、このビジネスモデルは必ず成長できると確信するようになる。そして、１９６０年「大学新聞広告社」を「東京大学新聞」の広告代理店として創業し、１９６３年には社名を「株式会社日本リクルートセンター」とする。これを機に、本格的に情報ビジネスに乗り出していく。１９６０年代は、高度経済成長が緒に就いたばかりの時期であり、リクルート事件の30年近く前のことであった。そして、就職情報を皮切りに、住宅情報、転職情報、中古車情報といった情報に対する供給と需要を結び付けていった。

更に時流に乗って、安比高原スキー場などのリゾート開発などにも乗り出す。いつの間にか、人々は彼を「東大が生んだ戦後最大の起業家」と持てはやしていた。

１９８０年代前半、私が就職活動していたころ、大学の就職課が、「リクルートは日本の会社ではない。入社するには覚悟が必要です」と述べていた記憶が蘇ってくる。強烈な目的志向性、社員の当事者意識、年功序列を廃した徹底した実力主義、大卒・高卒・女子社員を横一線で競争させ成果を求めた。

そして、結果を出した社員が報われるようにした。一方、一念発起して独立する社員を喜んで排出していた。日本的経営が全盛の当時としては、非常にユニークな会社であった。今から思えば当時のリクルートは、アップルやテスラのようなアメリカ型のベンチャーを先取りしていたとも言える。ハードを売るためにサービスに対してお金は取らないことが常識の時代に、「情報」という原価のないものに付加価値を与え利益を上げる新しいビジネスモデルは斬新なものに映った。そして江副は更に先を見据え、頭の中には、情報がコンピューターによって繋がりオンライン化される世界が見えていたのだ。

運命の時は、バブル真っただ中の１９８８年6月18日、川崎市の助役が、上場後のリクルートの子会社であるリクルートコスモスの株を売り1億２０００万円の利益を得ていたことが朝日新聞によってスクープされたことから始まる。

リクルートは、川崎駅前の再開発地区に自社ビルを建てる時に、容積率から14階建てまでしか建造できなかったものを、やり手の川崎市の助役が動いて特定街区に指定したことで、20階建てまでの建設を可能にした。この時助役は、リクルートの子会社であるファーストファイナンスから融資を受け３６００万円分の未公開リクルートコスモス株を受け取っていた。そして、上場後に値上がった株を1億５６００万円で売却し、1億２０００万円の利益を手にしていたのである。

その後、マスコミ各社の追及で、上場すれば値上がりが確実と見込まれていたリクルートコスモス社の未公開株を政治家等約90人に配っていたことが発覚したことで、国を挙げての大騒ぎとなる。そして驚くべきは、受け取った政治家の中には、現職の総理大臣であった竹下登、大蔵大臣の宮澤喜一、幹事長の安倍晋太郎、将来自民党のホープと期待されていた官房長官の藤波孝生、そして元総理大臣の中曽根康弘までもが含まれていたことである。

決定的であったのは、リクルート事件を国会で追及していた社民連の楢崎弥之助が日本テレビと組んで「おとり捜査」を仕掛けたことである。リクルート社員が口止めをするため現金入りの紙袋を楢崎に手渡そうとするところをテレビカメラが捉え、全国放送されてしまう。これが致命的であった。

未公開株を配ってはいけないという法律はない。当時は「ご祝儀株」として、世話になったものに「お裾分け」することは普通にやられていたことである。あげた方も貰った方も違法性はないと思っていた。江副も人脈がない自分が将来大きな仕事をするためには、政財界に幅広く顔を売りたかったのである。そして、江副が国会で追及されたのは、違法性以上に道義的な問題であった。「庶民は、薄紙を載せる努力で貯蓄をしているのに、政治家は何の努力もせずに大金を手にしていいのか」と世論は大炎上していた。世論がこれだけ沸騰している中、「巨悪は眠らせない」がモットーである東京地検特捜部が起訴者ゼロでは面目がたたない。結局、藤波元長官と池田克也議員が受託収賄罪で在宅起訴されている。そして、中曽根内閣の後、長期政権を目論んでいた竹下首相が責任を取って退陣している。竹下の後任については、ニューリーダーと期待されていた宮澤喜一や安倍晋太郎の首相指名は見送られ、宇野宗佑が首相に抜擢されている。しかし、女性スキャンダル等で69日間しか持たず退陣、その後、海部俊樹首相が続くが党内基盤が脆弱で自民党政治は大きく揺らいでいった。

1991年11月、満を持して宮澤内閣が発足したが、不良債権処理の問題を巡りリーダーシップを発揮できず、更にリクルート事件に尾を引く政治改革問題で党は分裂し、政治は離合集散の時代に入っていった。日本の政治は、良きにつけ悪しきにつけ、リクルート事件をトリガーに混乱に突き進んでいく。

今から考えても、この事件は極めて難しい事件であった。事件の核心は「賄賂性」があったかどうかである。この点については、関係者によって温度差がある。「江副は冤罪であった」と主張する関係者やジャーナリストも多い。しかし、完全に冤罪とするには無理があると同時に、江副を悪と断罪することも難しい。ましてや、彼を追い詰めたマスコミや司法に対して、「余計なことをしてくれた」と非難することもできない。

彼は、いつも「お金が欲しい」と言っていたという。しかし、それは贅沢のためのお金ではなく、彼がやりたいことを実現するためのお金であった。しかし、マスコミや世間は、そこを切り取って「金の亡者」のようなバイアスの掛かった江副像を作り上げていった。江副にとって不運であったのが、日本が消費税導入という税制改革を行うタイミングと重なってしまったことである。消費税は逆進性が強く庶民には辛いものである。社会党の土井たか子は、「ダメなものはダメ」と庶民を味方につけていた。

そこに「濡れ手に粟」ともいえるリクルートスキャンダルである。「何で庶民に負担をしいる政治家が努力せずに大金を得ているのか」、江副はベンチャーの雄から庶民の敵となっていた。

江副は、情報社会に革命を起こそうとした。そしていつの間にか情報産業の既得権益者であった大手マスコミを敵に回していた。そこにリクルート事件である。反江副の世論を味方につけたマスコミほど恐ろしいものはない。マスコミだけではない、リクルートが進めてきた情報産業を「虚業」と蔑んでいた実業界も江副個人に引導を突き付けていた。社会的リンチという言葉があるとしたら、この時の江副はまさにそれである。リクルートから江副の影は消えていった。「出る杭」は見えなくなるまで徹底的に叩かれてしまった。

そして、江副を潰したことは、日本にとって大きな代償を払うことになる。江副という情報化社会の将来を見据えていち早く事業展開を図っていた天才を日本社会は失ってしまう。彼を庇護したＮＴＴ真藤も潰される。目先の儲かる土地バブルに飛びついた江副にも問題があったが、当時の日本にはベンチャーを指南できる人もいなかった。そして、情報という実態のないものを新しい産業の幕開けとして見るだけの器量が社会になかったのである。

確かに、江副は日本人離れしたセンスを持っていた。彼は、アメリカのクレイ社製スーパーコンピューターを購入し、貿易摩擦で苦しんでいた政治家やＮＴＴに恩を売った。そして、「うちに入社すれば世界一のコンピューターが好きなだけ使える」と学生に宣伝し、面接では

「一緒に歴史をつくろう」と語って優秀な学生のハートを掴んでいった。人を集めてからコンピューターを購入するのではなく、彼はリスクを取って人材確保のために高額なコンピューターに先行投資したのである。こうした江副のやり方については教育界からも「優秀な人材が得体の知れない情報産業なるものに持っていかれる」と批判を受けていた。江副の歴史を追っていくと、スティーブ・ジョブズや、イーロン・マスク、そしてジェフ・ベゾスといったアメリカ版アントレプレナー（起業家、新規事業開発者）と重なってくる。

リクルート事件から30年以上経った今、この事件や江副を振り返る著作や記事、そして特集が散見されるようになった。周回遅れの感が否めない日本の情報産業の凋落を思うときに、あの江副のどこか寂し気ではにかんだ表情が懐かしく思い出される。そして、別の記事では、リクルート事件を自民党の裏金問題と重ねる記事も多い。江副は今でも毀誉褒貶の人である。

もし江副に未公開株を配ることのリスクを教え、別のやり方を示唆し、政財界に対する人脈作りに協力できるような指南役の存在があれば、志半ばで未来を棒に振ることもなかったのではないか。そして新しい事業に必要な資金を提供できるベンチャーキャピタルが機能していれば、江副が自ら不動産や株に手を出さずに済んだかもしれないのである。

＊江副やリクルートについては、大西康之『起業の天才！　江副浩正　８兆円企業リクルートをつくった男』（東洋経済新報社、２０２１年）に詳しい。一読をお薦めする。

2　大企業の多角化には限界がある

バブル崩壊後、新規事業拡大によって会社のウイングを広げる試みは様々な企業で行われていた。

「アンゾフの成長マトリックス」を基本に整理してみよう。

簡単に説明すると、市場と製品を2軸において、それをさらに既存と新規に分けることで、事業の拡大は4つのカテゴリーに分類される。そして、既存製品を既存市場に投入することを「市場浸透」、既存製品を新市場に投入することを「新市場開拓」、新商品を既存市場に投入することを「新商品開発」、新商品を新市場に投入することを「多角化」と分類する。この場合、いずれのカテゴリーにおいても既存の会社が母体となっていることが前提である。

平成の時代、日本における新規事業の試みの多くは、このアンゾフマトリックスの分類に当てはまるものであった。しかし、ここ数十年間、企業が「多角化」に成功した事例は驚くほど少ないのが現状ではないかと思う。成功事例としては、ソニー（エレク

		製品	
		既存	新規
市場	既存	市場浸透	新商品開発
	新規	新市場開拓	多角化

【図9】アンゾフの成長マトリックス

トロニクスの会社であったが、ゲーム等のエンターテイメント事業や金融事業に進出しコングロマリット化に成功している。ソニーについては第6章で詳述する）、富士フイルム（写真フィルム事業を主力とし近年ヘルスケア事業など成長分野に進出）が有名であり、これは既存の大企業がウイングを広げ新規事業に乗り出したケースである。

アメリカにおいてもGE（ゼネラル・エレクトリック）の多角化（コングロマリット化）が有名であるが、今や分社化する方向で動いている。2000年代の初頭、GEのCEOであったジャック・ウェルチは「20世紀最高の経営者」ともてはやされていた。GEが追求したコングロマリット経営は、シナジー効果、リスク分散、ブランド力の活用などで注目され、バブル崩壊後の閉塞感漂う日本企業のバイブル的存在であった。

ウェルチは1980年からの20年間に、売り上げを4倍以上、利益を7倍以上に上昇させていた。よく同じ総合電機メーカーの日立と比較されたものである。

2001年にGEを引退する前後には、経営関連の雑誌や記事などでは、ウェルチ語録が氾濫していた。

「他社を圧倒する見込みのある事業だけに集中しろ」（選択と集中によるナンバーワン・ナンバーツー戦略）

「理念を伝え、経営資源を配分したら、あとは邪魔するな」

さらに、毎年下位10%を解雇する徹底的なリストラ経営も物議を醸していた。

そのウェルチやＧＥはいつの間にかあまり話題にならなくなっていた。スティーブ・ジョブズやジェフ・ベゾス、そしてイーロン・マスクの勢いにかき消された感じである。ＧＥはウェルチの後を継いだイメルト以降は衰退の一途を辿り、経営の手本からコングロマリット化した大企業凋落の代表例にまで堕ちてしまったのである（ＧＥの凋落については、ウェルチ時代の負の遺産の影響も指摘されている）。

付け加えると、90年代に、ＧＥのライバルであった総合電機メーカーであるウェスチングハウスも凋落・解体している。日本の総合電機メーカーの一部だけが凋落したわけではない。

ウェルチは確かに偉大であった。組織のノリを超えられず四苦八苦していた日立や三菱や東芝を置き去りにして、90年代に大躍進していた。一時は世界一の時価総額を誇っていた。

しかし、一世を風靡したウェルチ流のコングロマリット経営の人気は陰っていった。ＧＥは四半期決算のプレッシャーから利益を継続的に確保するために事業を売り買いしていた。収益の柱は製造部門からＧＥキャピタル（金融サービス業）に偏り多くの事業が「金のなる木」ではなくなっていたためである。そして、時流に乗ったスタートアップ企業に主役を奪われていくことになる。

アメリカは、ウェスチングハウスやＧＥが衰退する一方で、ＧＡＦＡのようにまったく新しいベンチャー企業を次々とスタートアップさせ、ＩＴや通信業界を席巻していった。４社とも既存の老舗大企業の多角化（コングロマリット化）によって出てきたものではない。

※ＧＡＦＡ

Google：１９９８年、ラリー・ペイジとセルゲイ・ブリンが設立

Amazon：１９９５年、ジェフ・ベゾスが設立

Facebook：２００４年、マーク・ザッカーバーグとエドゥアルド・サベリンが設立

Apple：１９７６年、スティーブ・ジョブズとスティーブ・ウォズニアックが設立

又、ＧＡＦＡにMicrosoftを含んだ略称は「ＧＡＦＡＭ」と呼ばれている。

Microsoft：１９７５年にビル・ゲイツとポール・アレンによって創業

一方、日本では、この30年間、世界を変えたベンチャーを輩出することはなかった。今後は、「出る杭」は叩かず、ベンチャーを育てる仕組みづくりと若い人のマインドを盛り上げねばならない。そして、過去の常識から若い人の足を引っ張ることは止めた方が良い。少しくらい生意気な奴の方が社会を変えられるのだ。

現在、企業価値が10億ドル以上の未上場企業である「ユニコーン」は２０２２年時点で全世界１０００社を突破している。国別でみるとアメリカは４８８社にのぼり、中国は１７０社で

続き日本は6社でしかない。アメリカの488社は驚きである。アメリカは世界中の優秀な若者を集めてきて、最高の環境を与え惜しみなく支援をする。これこそアメリカの光の部分であろう。

日本でも最近は、東大、京大などの若手が大企業や官僚を敬遠してベンチャーにチャレンジしていると聞く。最先端技術を手掛けるものも多い。あとは、ビジネスモデルとお金をどうインテグレーションするかが課題であろう。

第4章　アベノミクスの功罪

1　雇用改善に繋がった金融政策

ここで一旦、失われた30年を10年毎に分けて整理してみよう。

最初の10年は、90年代である。この10年はバブル崩壊の傷を修復するために政府・日銀があの手この手を繰り返すが有効な施策を欠いたため、日本経済が泥沼にはまり込んだ10年であった。この間世界は、IT・通信を中心としたデジタル・情報革命の黎明期に突入していたが、日本は乗り遅れてしまう。そして、製造業の多くは、円高によって現地生産化を進め、ヒト・モノ・カネの多くは、海外に向かっていった。一方、国内においては大企業の多くが多角化によって閉塞感を打破しようとしたが、既存の大企業では「創造的破壊」は行われず、一部の成功事例はあったものの多くは中途半端に終わってしまう。そして、新たなベンチャー企業の創出にも失敗していた。このベンチャーが育たない日本については、「第3章　アニマルスピリットを失った日本」で書いた通りである。

そして、2000年代の最初の10年は中国の台頭によるグローバル競争が本格化した時代である。この間、残念ながら日本ではデフレが定着してしまう。これに追い打ちを掛けたのが、リーマンショック後の円高であり、再び「国内空洞化」が進み失業率は５％近くまで上昇してしまう。そして「国内でものがつくれない」異常事態に喘ぐ日本経済に、安倍晋三首相が大胆な金融緩和政策を敷くことになる。これは失われた30年の最後の10年にあたる。この時行った「アベノミクス」の功罪については議論百出しており、今後もその歴史的評価は議論されることになると思う。

まずは簡単にアベノミクスを振り返っておこう。

最大の眼目はデフレからの脱却である。

政策の柱となるものは、①金融緩和、②財政出動、③成長戦略の「３本の矢」であった。

特に、アベノミクスを批判するマスコミや経済学者（研究者・評論家等）の一部は、このアベノミクスの時期を異常事態と捉えている。一方で、その前の円高による経済状態が異常であって、アベノミクスの特に前半は、異常事態を適正な状態に戻したと評価する声も多い。しかし、評価する関係者の間でも緩和の効果が定着し始めた段階で消費増税（２０１４年：５％↓８％、２０１９年：８％↓10％）を断行してしまったことに対して失望の声も多い。いずれにせよ、失われた30年を書くにあたって約７年もの間続いた安倍政権の経済政策をどのように見るかは、今後の日本経済を考える上で非常に重要なポイントになることだけは間違いない。

それでは要となるアベノミクスの金融政策とは何であったのか。

簡単に説明すると、日本のデフレ克服には量的金融緩和政策が必要であり、適度なインフレ（2％）になるまでお金を市場に投入することがデフレ対策に有効であるという考え方である。そして、この考え方を実践したのがアベノミクスであり、インフレとデフレは貨幣現象であり金融政策で是正できると考えた。

これに呼応して、黒田日銀総裁が「2年でお金の量を2倍にし、物価安定目標を2％にする」とセンセーショナルな発言を行う。これによって今後インフレが進むという期待感が社会に広がり、株価は上がり、円は安くなり雇用も増えたのである。


重要な点は、このようなマクロ経済政策の賛否を論じる場合、何をキーポイントに評価を下すかである。評価項目の最上位には「雇用政策とその成果」を挙げなければならないと思う。5％近くまで上昇していた失業率をインフレ率2％の中でどこまで完全雇用に近づけることができるか。これが第一である。そして次にくるのが賃金率のアップである。

近現代史を振り返ると、世の中の社会不安が失業率の悪化によってもたらされているからである。

従って、政治家の政策において優先順位の最上位にくるものは当然、失業率の低減となる。

例えば、ドイツのメルケル首相は、2005年から2021年まで15年以上首相を務めたが、何故これだけ長期間にわたり政権維持できたのか。実はメルケル就任当初のドイツの失業率は約11％もあり「病めるドイツ」といわれていたものを最終的には約3％程度まで大幅に改善したことが大きいと推察できる。

それでは、アベノミクスによって雇用統計はどう変化しているかを見てみよう。

図10、図11を見ていただくと分かる通り、雇用は改善している。正規・非正規ともに雇用は増加している（失業率で見ても5％近くから3％を切っている）。そして不本意非正規雇用も減少している。雇用が伸びた背景について「団塊世代が退職し、その補填が必要になったタイミングと一致した

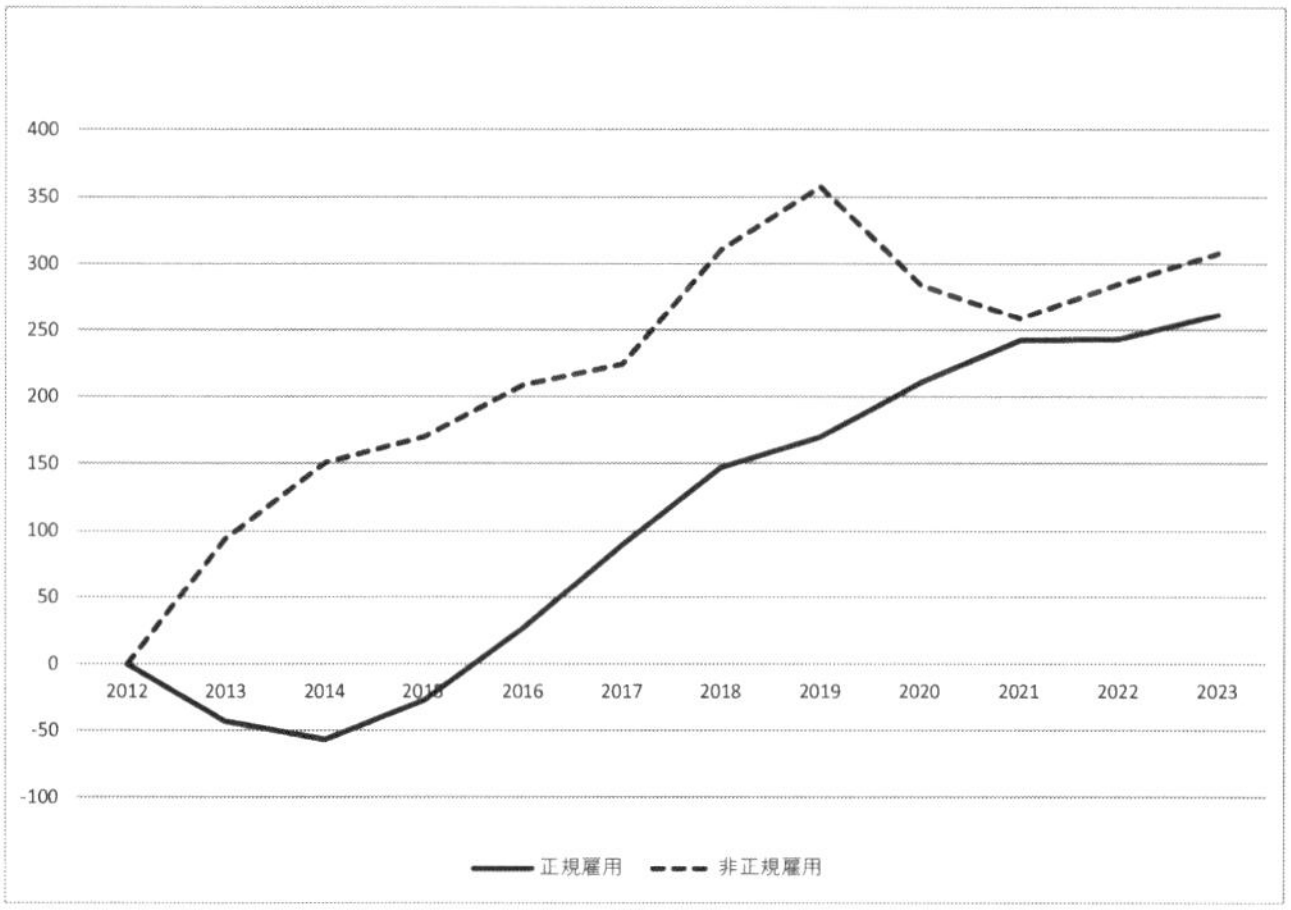

（単位：万人）	2013	2014	2015	2016	2017	2018	2019	2020	2021	2022	2023
正規雇用	-43	-57	-28	27	89	147	170	211	242	243	261
非正規雇用	94	151	170	209	224	310	357	284	259	285	308

※厚生労働省（「非正規雇用」の現状と課題）より筆者作成　https://www.mhlw.go.jp/content/001234734.pdf

【図10】正規雇用／非正規雇用の増減（2012起点）

からだ」との指摘もあるが、企業業績が上がったことによる要因も大きいであろう。

驚くことに安倍政権批判の急先鋒であった、れいわ新選組の山本太郎氏も、『僕にもできた！　国会議員』（筑摩書房、２０１９年）で以下に述べている。

> 僕はアベノミクスの一部は評価すると安倍首相にも言いましたが、アベノミクスって、別に安倍さんが開発した経済モデルでもなんでもないんですよ。普通に金融政策と財務政策を合わせた世界で行われている施策です。要は異次元の金融緩和と称して、お金を刷る。実際には各銀行が持つ日本銀行の口座に積み上がる

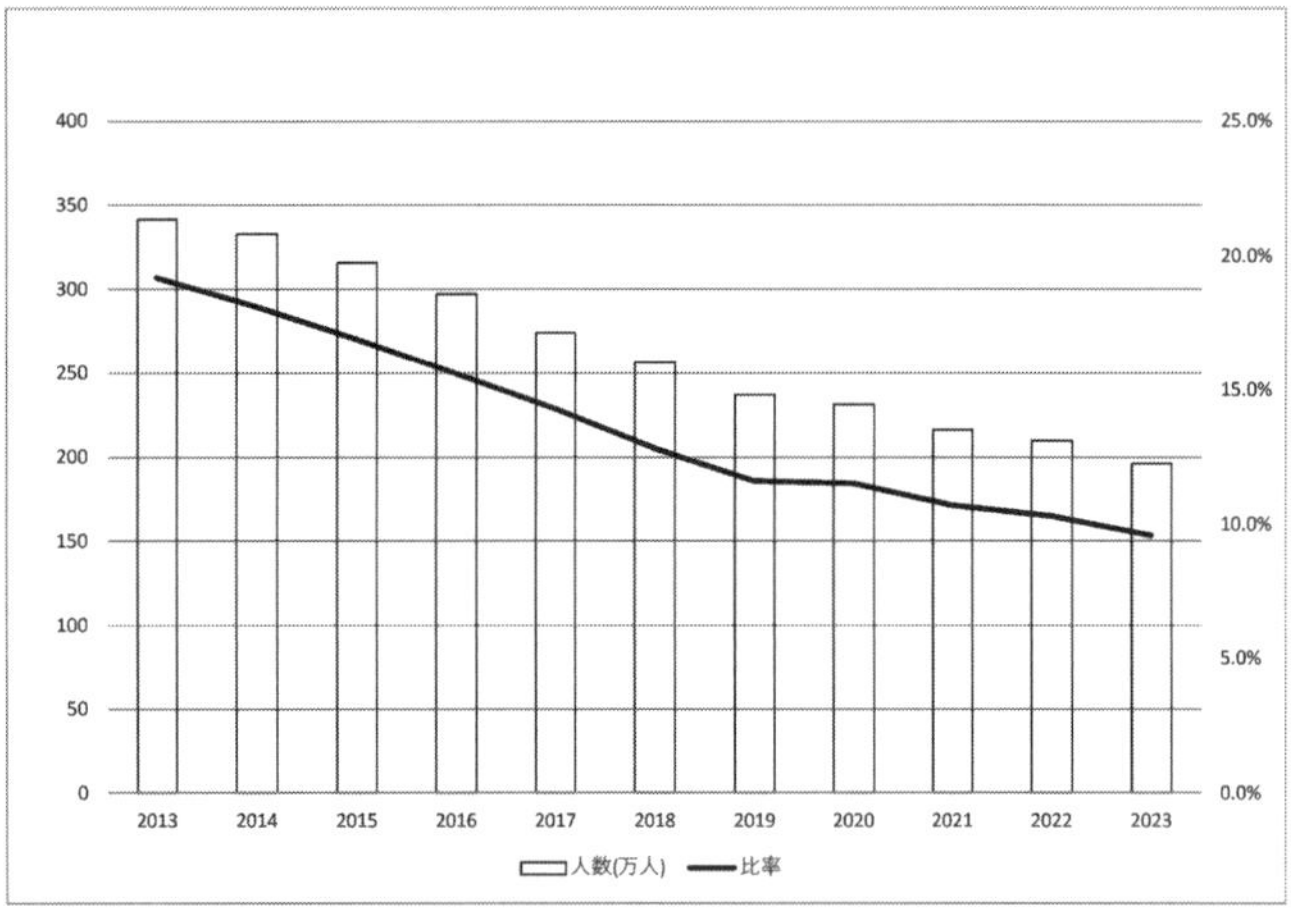

	2013	2014	2015	2016	2017	2018	2019	2020	2021	2022	2023
人数(万人)	342	333	316	297	274	256	237	231	216	210	196
比率	19.2%	18.1%	16.9%	15.6%	14.3%	12.8%	11.6%	11.5%	10.7%	10.3%	9.6%

※厚生労働省(「非正規雇用」の現状と課題)より筆者作成　https://www.mhlw.go.jp/content/001234734.pdf

不本意非正規雇用労働者(現職に就いた主な理由について「正規の職員・従業員の仕事がないから」と回答した非正規雇用労働者をいう)

【図11】不本意非正規雇用の実態（単位：万人）

数字が変化するってこと。それによって、お金をより借りやすくする、金利を下げるっていう効果を生み出し、円が安くなることで輸出企業も力を持ち、利益を得た企業が雇用を増やし、というところはプラスになった。安倍さんがやってるからろくでもないって言う人もいますが、ここは安倍ヤメろって人でも認めなきゃならない話なんですね。

安倍さんと私、山本太郎の違うところは何かって言ったら、人々への大胆な財政出動をやるかやらないか。大金持ちや大企業など、一部の人だけが美味しい思いをするようなことじゃなく、みんなに忖度するべきだと考えている点ですかね。

アベノミクスに対し一定の評価をしているのは、別に保守層やリフレ派の経済研究者だけではない。安倍政権に対し普段は辛口の政治家や研究者の間でも一定の評価をしている人もいるのである。

この点を海外は、どう見ていたのであろうか。海外の評価は、日本とは直接利害が無い分客観的である場合が多い。特に、安倍政権が終わった時の海外評価については、欧米を中心に外交面を高く評価する声が多い。一方、アベノミクスに関しては、功罪を問う論調が目立ったように記憶している。その中で、特に評価が高かったのは、若年層失業の問題を解決し新卒の有効求人倍率を改善した点であった。欧州、中国、韓国などでは若者の就職率の低さが近年特に問題となっているが、日本はその点上手く乗り切っていると評価しているのである。特に欧州

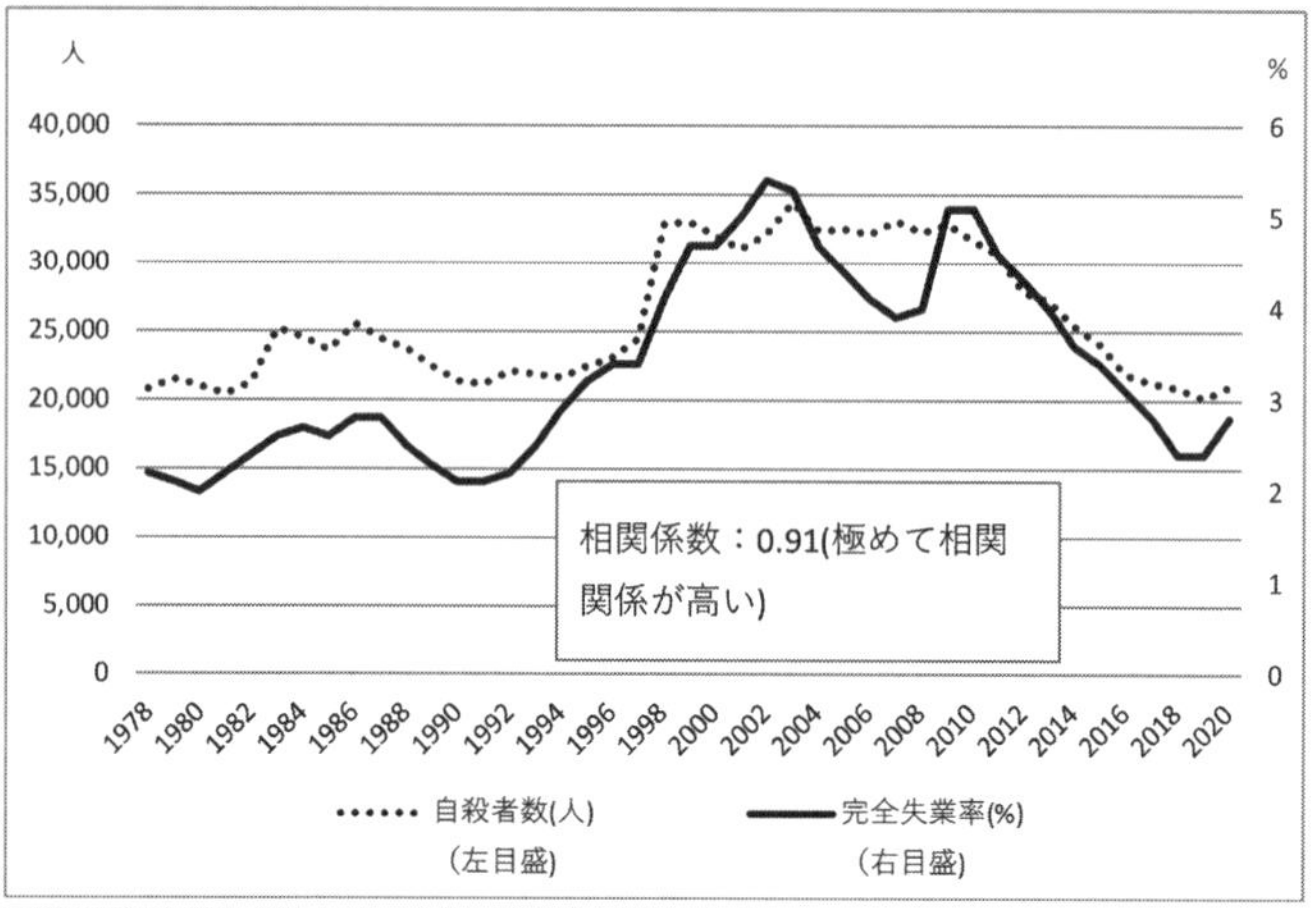

※厚生労働省(自殺者数と完全失業率の推移)より筆者作成
https://www.mhlw.go.jp/stf/wp/hakusyo/kousei/20/backdata/1-2-2-5.html

【図12】自殺者数・失業率の推移

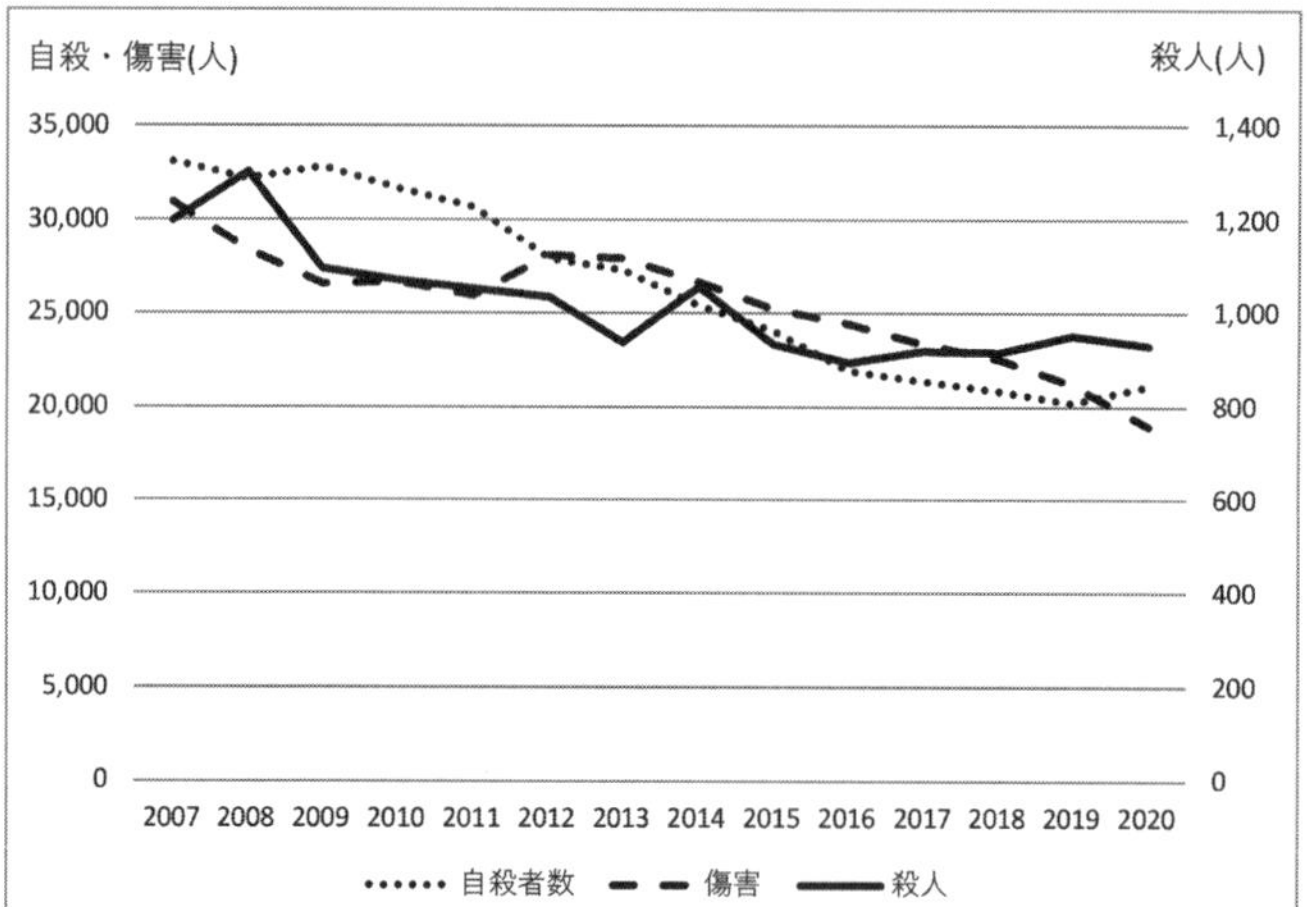

※傷害・殺人：令和５年版 犯罪白書より筆者作成
https://hakusyo1.moj.go.jp/jp/70/nfm/gmokuji.html

【図13】自殺・傷害・殺人の推移

では、職がなく未来の生活設計が思い描けない若者が覚醒剤や酒で潰れていくケースが後を絶たない。この若年層の失業問題は、当該国における少子化にも繋がっている。例えば、カトリックで家族主義的なイタリアやスペインの合計特殊出生率は日本よりも低いのである（２０２１年データ：日本１・３、イタリア１・２５、スペイン１・１９）。

※日本の若年層失業率（15～24歳）は、４％を切っており先進国の中でも圧倒的に低い。欧州、特にスペインでは約30％、イタリア、スウェーデン、フランスは約20％の若者が失業となっている。一方、中国、韓国では15％前後となっている。

日本では失業率の低下に伴い、自殺率、

【表１】アベノミクス前後での社会・経済指標の推移

		自殺者数	殺人	傷害	ドル円レート	失業率	大卒求人倍率
	2007	33,093	1,199	30,986	118	3.9%	1.89
	2008	32,249	1,301	28,386	103	4.0%	2.14
	2009	32,845	1,095	26,545	94	5.1%	2.14
	2010	31,690	1,068	26,634	88	5.1%	1.62
	2011	30,651	1,052	25,922	80	4.6%	1.28
	2012	27,858	1,032	28,053	80	4.3%	1.23
アベノミクス	2013	27,283	938	27,864	98	4.0%	1.27
	2014	25,427	1,054	26,653	106	3.6%	1.28
	2015	24,025	933	25,183	121	3.4%	1.61
	2016	21,897	895	24,365	109	3.1%	1.73
	2017	21,321	920	23,286	112	2.8%	1.74
	2018	20,840	915	22,523	110	2.4%	1.78
	2019	20,169	950	21,188	109	2.4%	1.88
	2020	21,077	929	18,963	107	2.8%	1.83

※ドル円レート：世界経済のネタ帳(出典：IMF Data)より筆者作成　https://ecodb.net/exchange/

※失業率：厚生労働省(自殺者数と完全失業率の推移)より筆者作成
https://www.mhlw.go.jp/stf/wp/hakusyo/kousei/20/backdata/1-2-2-5.html

※大卒求人倍率：リクルートワークス研究所[第41回 ワークス大卒求人倍率調査（2025年卒）2024年4月25日]より筆者作成　https://www.works-i.com/surveys/report/240425_recruitment_saiyo_ratio.html

殺人率、傷害件数、ホームレス等々、様々なソーシャルインデックスは改善されている。安倍政権に反対する識者から「安倍政権になって社会は悪くなった」とか「凶悪な殺人事件が増えた」とか印象で語られることが多いが、データからはそうなっていない。勿論、全てがアベノミクスの成果とは言えないかもしれないが、一定の評価はきちんとするべきである。ましてや、悪化しているとは虚偽情報であり、情報のリテラシーが低いだけでは済まされない悪質な印象操作ではないか。付け加えるとするならば、それをインフレ率2％以内でやったことは、結果論としても特筆するべきことである。

日本のように安定志向の強い社会においては、雇用安定↓賃金アップという優先順位は間違いではなかったと思う。これからは、人手不足の時代に、如何に付加価値労働生産性を上げて賃金を増やすかにフェーズが移行したのだ。

※付加価値労働生産性

付加価値額（売上－外部費用）÷労働時間

2　中盤から失速したアベノミクス

しかし、リフレ派や一部の反安倍派からも一定の評価（失業率の低減等）を受けていたアベノミクスについては、安倍政権の中盤くらいから厳しい評価が目立つようになる。批判が集中したのが消費税の導入である。これによって消費は冷え込み、経済はデフレ基調に戻ってしまったという指摘である（図14を見てみると、異次元緩和から1年でデフレを見事に脱却しているが、消費増税となってから出戻っている）。要は、アクセル（金融緩和）とブレーキ（増税）を同時に踏んでしまったのである。これでは、一貫性を欠いていたと言われても仕方がないであろう。

この消費増税に対しては、実は本人の安倍首相も内心は反対であった。増税のタイミングを先延ばしするのが手一杯であった。しかし第二次安倍政権前に増税は既に約束されていた。政権誕生前、民主党の野田佳彦首相は、自民党（この時の自民党総裁は谷垣禎一氏）、そして公明党で3党合意し増税の道筋をつけていたのである。

財政状況（基礎的財政収支、プライマリーバランス）については、景気回復によって税収が大幅に伸び均衡直前まで改善している（その後、コロナ対応によって大幅に悪化してしまう）。税収は2010年42兆円であったが、2015年56兆円、そして2023年には72兆円に達している。増税派はこの税収増に消費税アップが大きく寄与していると見ているが一方で、もし消費税をアップしなければ景気はさらによくなり消費税アップによる税収増以上の税収が実現できたはずだと主張しているものも多い。消費増税が正しかったか否かは、いまだに政府関係者、経済学者（研究者）の間で論争が続いている。私見としては、消費増税によって、やっ

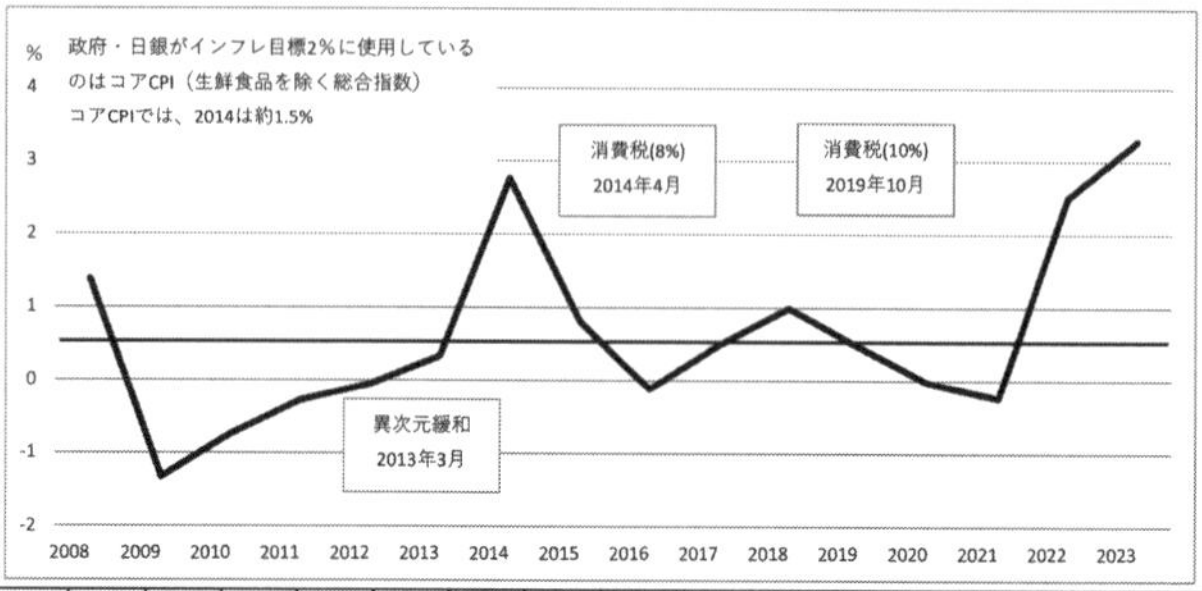

	2008	2009	2010	2011	2012	2013	2014	2015	2016	2017	2018	2019	2020	2021	2022	2023
インフレ率	1.38	-1.33	-0.74	-0.28	-0.05	0.33	2.76	0.8	-0.12	0.49	0.99	0.47	-0.03	-0.24	2.5	3.27

※世界経済のネタ帳(出典：IMF Data) より筆者作成　https://ecodb.net/country/JP/imf_inflation.html

【図14】インフレ率（IMFデータ）

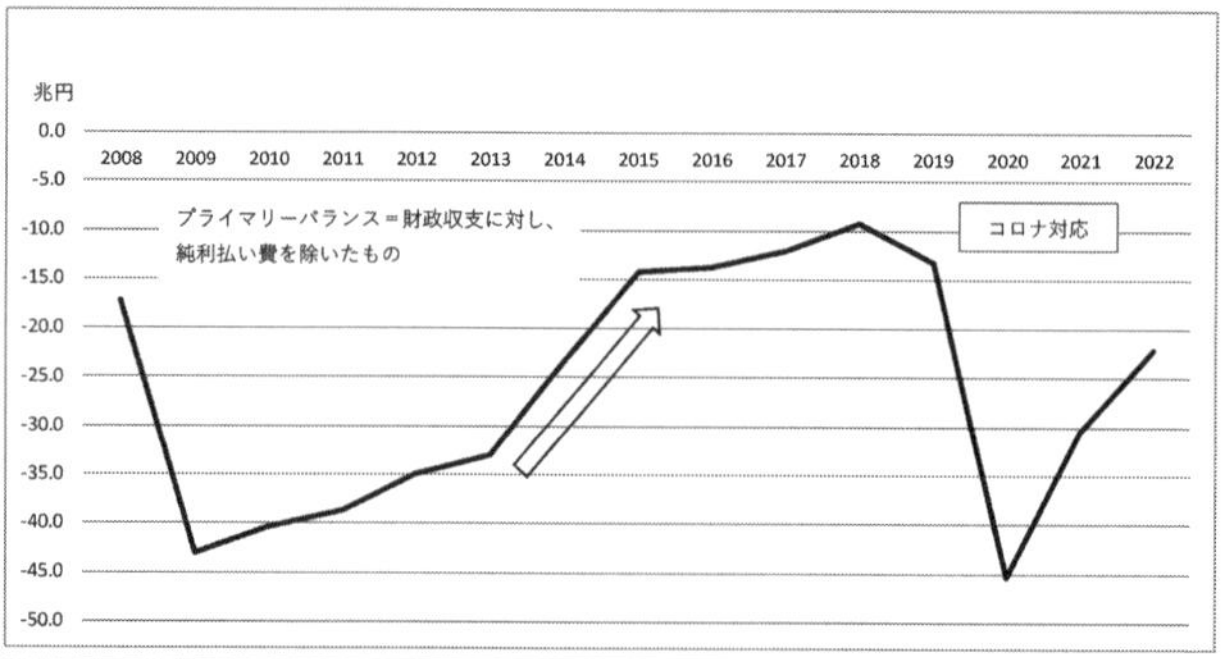

(単位：兆円)	2008	2009	2010	2011	2012	2013	2014	2015	2016	2017	2018	2019	2020	2021	2022
基礎的財政収支	-17.2	-43.0	-40.4	-38.7	-34.9	-33.0	-23.4	-14.2	-13.8	-12.0	-9.3	-13.2	-45.4	-30.5	-22.1

※世界経済のネタ帳[GFS(政府財政統計マニュアル)に基づいたデータ]より筆者作成
https://ecodb.net/country/JP/imf_ggxcnl.html

【図15】基礎的財政収支（プライマリーバランス）の推移

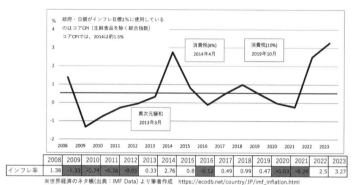

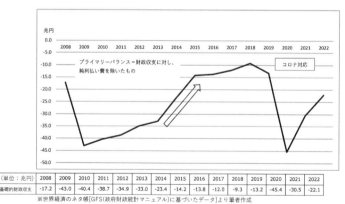

と勢いが付き始めた経済成長に大きく水を差したと思っているがどうだろうか。

アベノミクスを私なりに総括評価してみよう。

アベノミクスは、金融緩和政策によって、為替を円安に誘導した（異常な円高を是正したとの見方もできる）。この円安によって大企業の収益が大幅に改善される。この収益改善の効果がポジティブに現れたのは雇用面であった。特に長く停滞していた学卒の新規採用が増大し、失業していた者に仕事を与えていた。誤解されていることが多いが、雇用増の内訳をみると非正規だけでなく、正規も増やしたことが特徴的である。そして、約3万人いた自殺者は2万人近くまで大幅に減少し、殺人や傷害の件数なども改善されている。様々なソーシャルインデックスはこの期間改善されたのである。

安倍政権当時、若者の自民党支持率が高かった背景には、若者の多くが希望する会社に就職できたことがある。これを政治家やメディアの一部は若者の右傾化などと分析しているから選挙戦略を見誤るのである。簡単に言えば、就職率が良くなったから安倍政権を支持したのである。

しかし、雇用面での成果はあったものの、企業の収益増の多くは、内部留保、そして海外投資や株主に対する配当に流れてしまった。２０１３年3月の異次元緩和によって２０１３年度の企業収益（純利益）は、前年の24兆円から38兆円に拡大し、翌年２０１４年の春闘こそ賃上げのチャンスであったが社員に還元されることはなかったのである。そして、中小メーカーに対しては、円安以降も原価低減要請を継続した。つまりトリクルダウンは起きなかったのである。

そして、経済全体で見たときは、デフレスパイラルから脱却するチャンスであったが2014年4月の消費税アップによって、タイミングを逃してしまったのだ。

そしてもう一つ重要な視点は、金利を下げたら企業がお金を借りて新規投資をして経済成長に繋がるというのが基本的な経済原理であったはずが、金利は低く資金は潤沢にあるのにもかかわらず、お金を借りて新しい事業を始める起業家や企業が期待よりも少なかったのである。従って、その分政府がもっと積極財政するべきであった。実際、アベノミクスの「2本目の矢」（財政政策）の狙いの一つは、災害を減らすインフラ整備などの国土強靭化政策にあったが、中途半端なものでしかなかったと思われる。

更に付け加えると、日本経済全体で顕在化した問題として、円安になって輸出が有利になったにもかかわらず輸出量は増大していないことである。従来の輸出品に対する為替差益は増加したものの、売るものがあれば輸出量は拡大し経済全体が潤うはずであったが、できなかったのである（図16、図17では、ドルベースでは輸出は増加していないが、円ベースでは円安によって金額は増えている）。

現在、日本経済の中で競争力があるのは、自動車を除けばエレクトロニクスなどに関する部

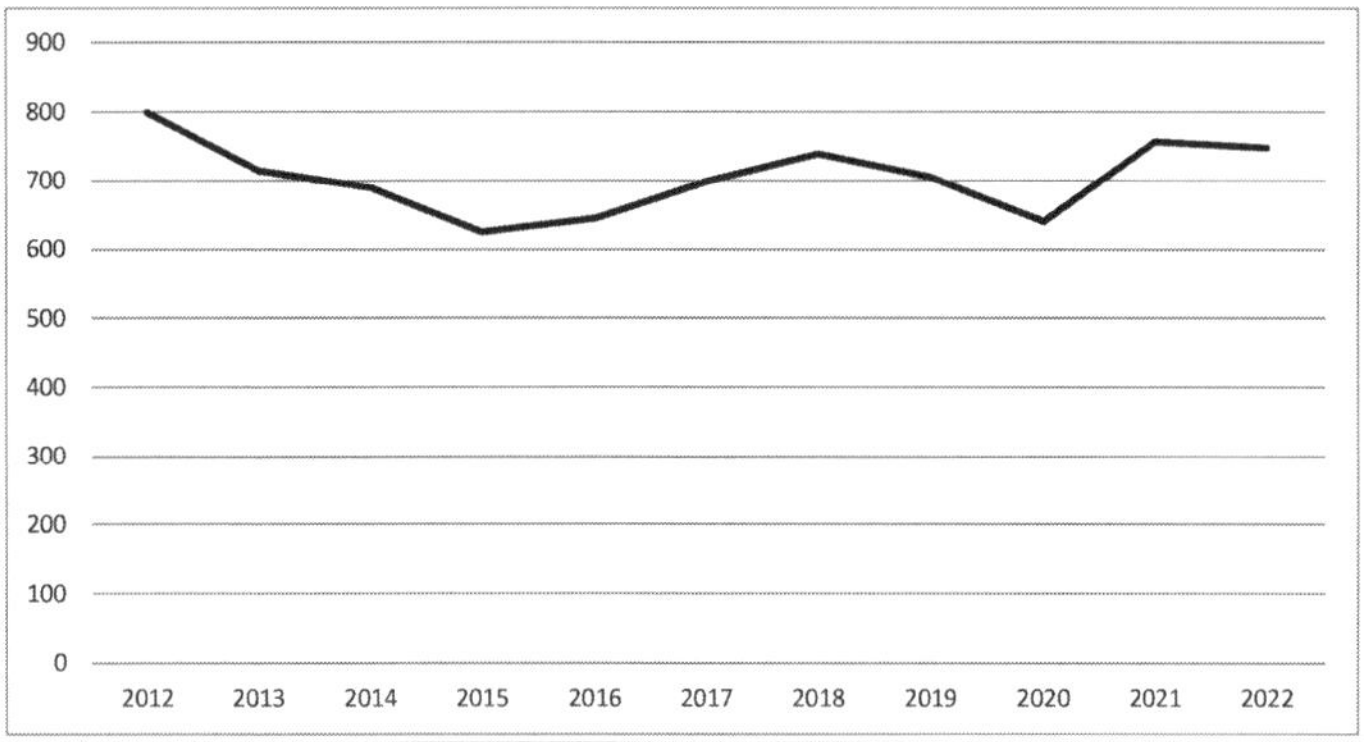

	2012	2013	2014	2015	2016	2017	2018	2019	2020	2021	2022
輸出	799	715	690	625	645	698	738	706	641	756	747

※世界経済のネタ帳(出典：UNCTADデータ)より筆者作成　https://ecodb.net/ranking/tt_mexport.html

【図16】輸出額（10億USドル）

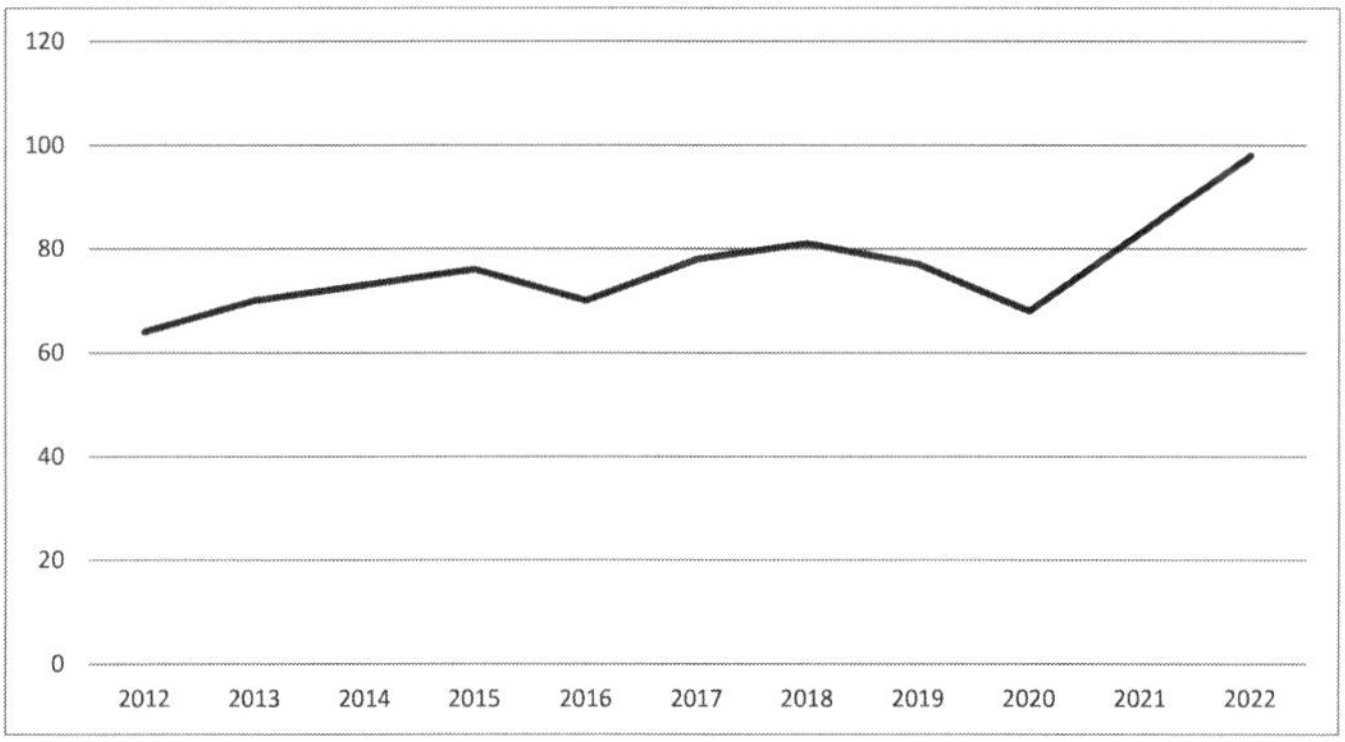

	2012	2013	2014	2015	2016	2017	2018	2019	2020	2021	2022
輸出	64	70	73	76	70	78	81	77	68	83	98

※財務省貿易統計より筆者作成　https://www.customs.go.jp/toukei/info/

【図17】輸出額（兆円）

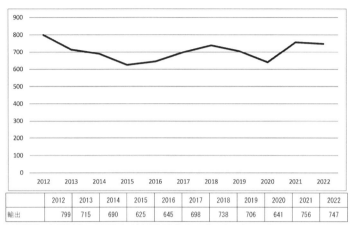

品・材料や生産設備といった中間財・生産財であり、これらは最終消費財の販売量に規定されるので円安になったからといって販売量は増えてはくれないのである。

今後は、いかに「海外に売れる最終消費財」を開発できるかがカギとなるのだ。

一方、アベノミクス成長戦略における大きな成果を挙げるとすれば、観光産業（インバウンド）の活性化であろう。政権発足直後に行われたビザ発給要件の緩和措置、空港の発着枠の拡大、ホテル・旅館の容積率の緩和などによって、観光が日本の基幹産業の一つになったことはきちんと評価するべきである。インバウンド消費額は5兆円を超え、国際収支への貢献（分野別の輸出額としては自動車、半導体部品に次いで3位）、地方活性化、更には日本の国家ブランドを押し上げる要因にもなっている（但し、インフラ不足等の課題も顕在化しており対応は急務である）。

3　格差の正体について

そして次に、格差は広がったかが問題になるが、所得格差を示す代表的な指標であるジニ係数（再分配後）は、ここ30年間、安倍政権の間も含めてほとんど変わっていない。図18を見ると再分配前（当初所得）の格差は拡大しているが、これは高齢化の影響も大きい。新入社員の時の給料差はほとんどないが時間と共に給料の差が広がるからである。これを国が累進課税などで再分配した後のジニ係数は変化していない。データ分析上は国家による再分配（格差の是正）は機能していたといえる。

従って、フローでの格差は拡大していないのが実態である。別の言い方をすれば、管理職以上から一般社員に至るまで給料アップしなかったからである。「みんなで少しずつ貧しくなっていった」ともいえる。この辺りは極めて日本的であったかもしれない。では国全体に漂う格差の正体とはなんであるか。それはストックである。

※ジニ係数

社会における所得の不平等さを測る指標として使われている。各人の所得が均一で格差が全くない状態が0、それに対し一人が全ての所得を独占している状態を1として、数値が高くなればなるほど格差が大きいとなる。日本はアベノミクスによって悪化したわけではないが、もとの数値自体が先進国の中では決して低い水準ではない。Ｇ７の中では、アメリカ、イギリスに次いで高い。従って正確には、「悪化はしなかったが改善はできなかった」というのが正確な言い方かもしれない。

もともと金融資産を持っていた富裕層の懐は、配当や株価アップによって潤ったが、一般のサラリーマンの多くはこの恩恵を受けていない。富裕層は２０１１年から２０２１年までの間に倍近く増えている。そして、企業の内部留保も倍近く増えている。

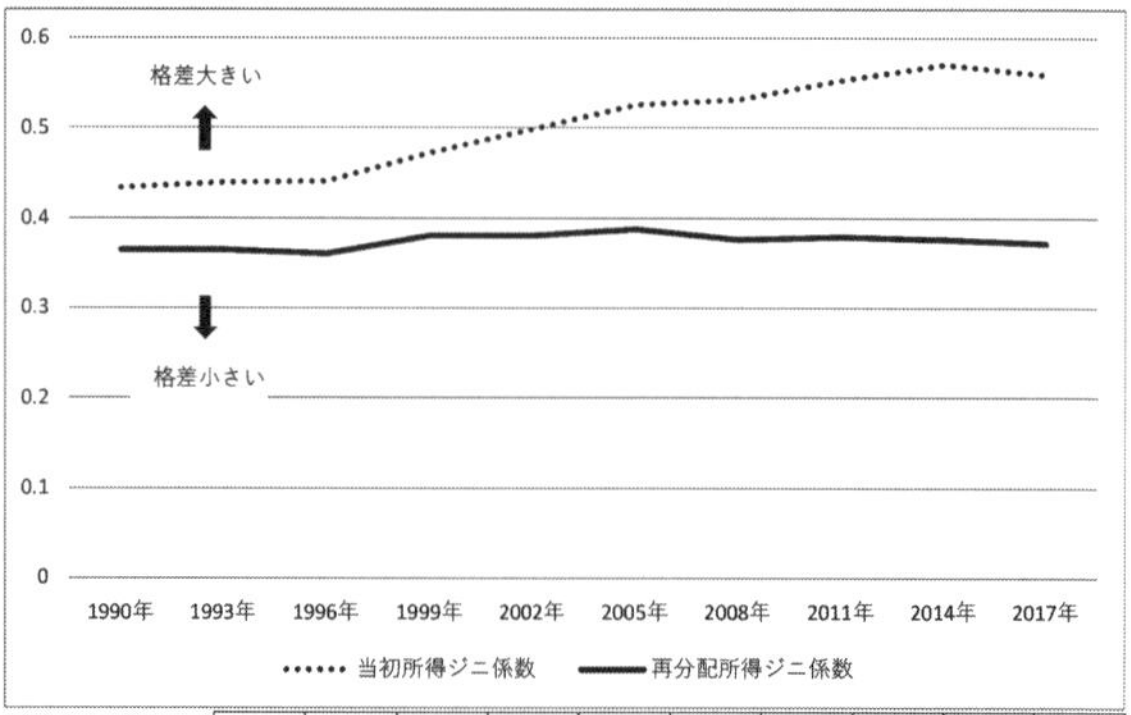

	1990年	1993年	1996年	1999年	2002年	2005年	2008年	2011年	2014年	2017年
当初所得ジニ係数	0.4334	0.4394	0.4412	0.4720	0.4983	0.5263	0.5318	0.5536	0.5704	0.5594
再分配所得ジニ係数	0.3643	0.3645	0.3606	0.3814	0.3812	0.3873	0.3758	0.3791	0.3759	0.3721

※厚生労働省「所得再分配によるジニ係数の改善の推移」資料より筆者作成

https://www.mhlw.go.jp/stf/wp/hakusyo/kousei/19/backdata/01-01-08-09.html

【図18】日本のジニ係数推移

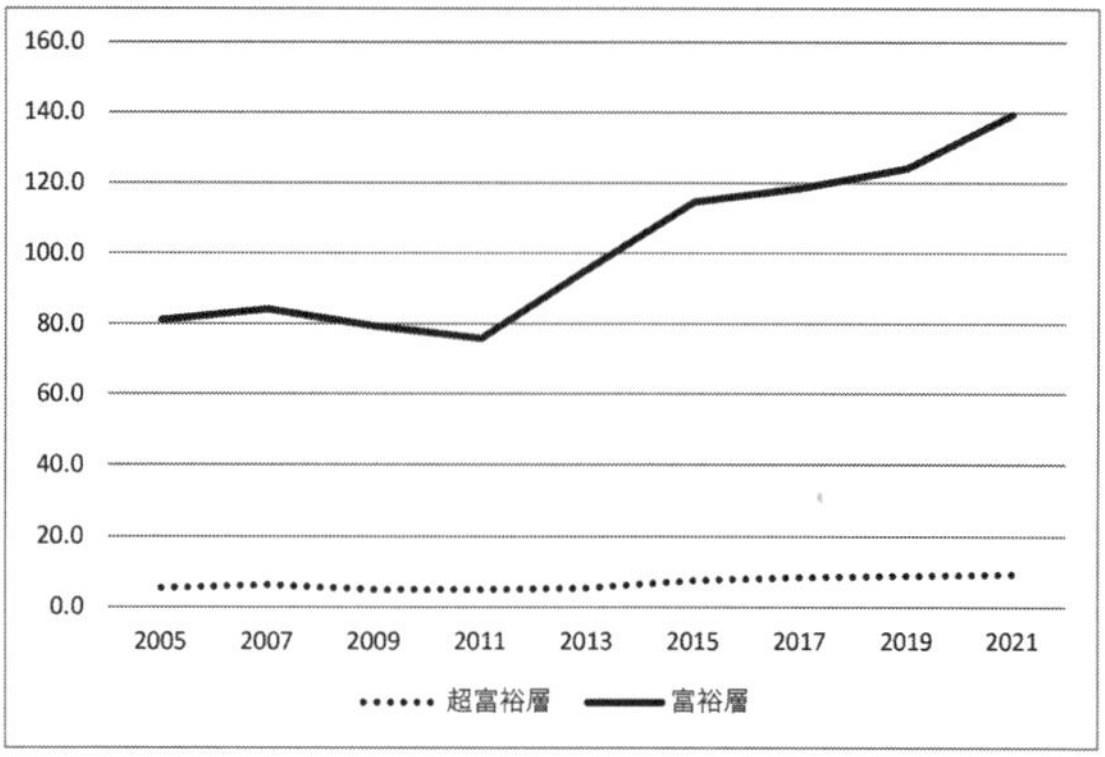

	2005	2007	2009	2011	2013	2015	2017	2019	2021
超富裕層	5.2	6.1	5.0	5.0	5.4	7.3	8.4	8.7	9.0
富裕層	81.3	84.2	79.5	76.0	95.3	114.4	118.3	124.0	139.5

※株式会社野村総合研究所の調査結果(日本の富裕層は 149 万世帯、その純金融資産総額は 364 兆円と推計 / 2023年3月1日)を基に筆者作成

https://www.nri.com/-/media/Corporate/jp/Files/PDF/news/newsrelease/cc/2023/230301_1.pdf

超富裕層(純金融資産保有額：5億円以上)、富裕層(純金融資産保有額：1億円以上5億円未満)

【図19】超富裕層・富裕層の世帯数推移（単位：万世帯）

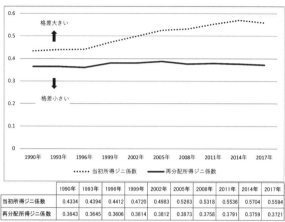

アベノミクスは、ストックでみると投資など行っていた個人の金融資産を増大させ、企業の内部留保を増大させた。社会全体のストックの拡大については成功したが、フロー（賃金等）は上がらなかったのである。そして一般の人々にとっては、消費税アップによる生活費の負担増ばかりが目立ってしまったのがアベノミクスによる格差の正体である。日本は、富裕層は拡大したが、60代で貯金がゼロの人が5分の1もいる。アメリカほど極端ではないが富は偏在化しているのである。

４　賃金が上がらない日本経済

そして最近論議の的となっている賃金が上がらない問題である。

２０１２年から２０２２年までの間に企業の純利益総額は、23兆円から74兆円まで３倍以上も増加している。この増加分の一部は、配当として株主に還元され、残りは先述した内部留保として企業内に溜まっている。賃金として社員に、そして下請け企業に還元される分は少なかったのである。企業側とすれば、ＲＯＥ（自己資本利益率）を欧米優良企業並みの15％以上にするためには利益率はまだ低く、更にはリーマンショック時のトラウマから最悪事態に備えて内部留保をできるだけ溜めておきたいのである。

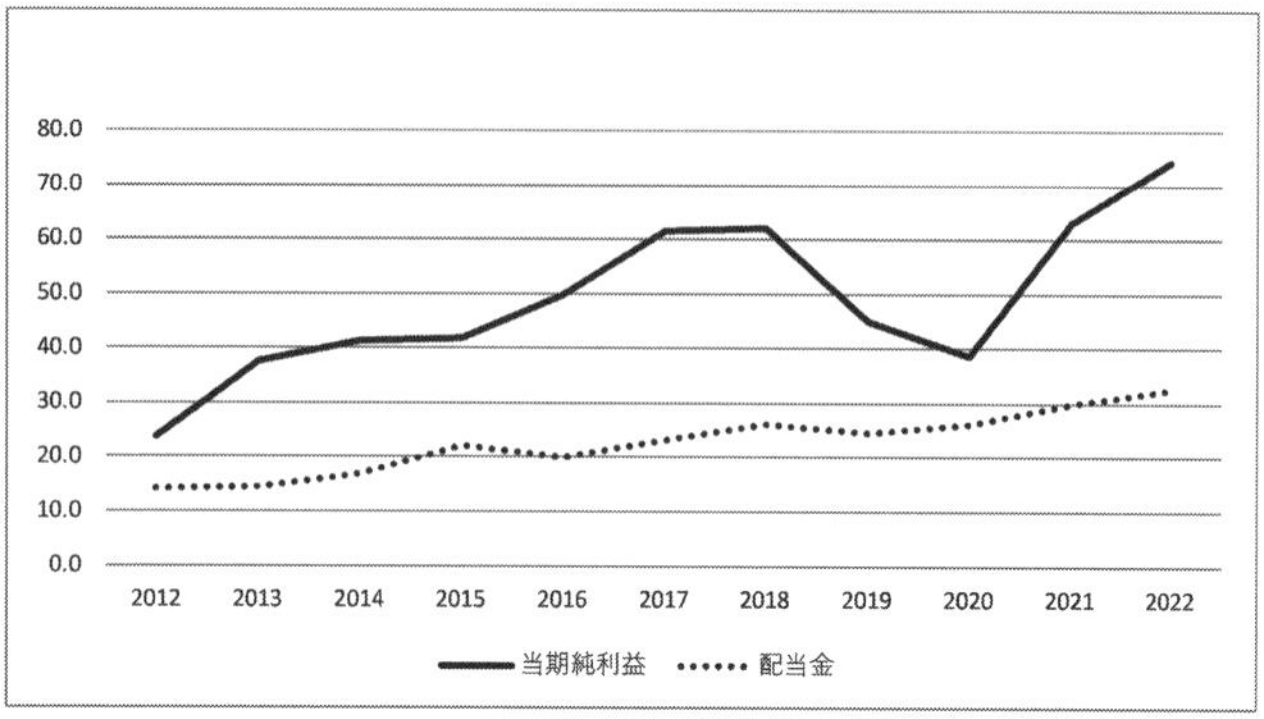

	2012	2013	2014	2015	2016	2017	2018	2019	2020	2021	2022
当期純利益	23.8	37.6	41.3	41.8	49.7	61.5	62.0	45.0	38.5	63.0	74.4
配当金	14.0	14.4	16.9	22.2	20.1	23.3	26.2	24.4	26.2	29.9	32.6

※財務省(法人企業統計調査)より筆者作成　https://www.mof.go.jp/pri/reference/ssc/index.htm

【図20】企業の当期純利益、配当金の推移（単位：兆円）

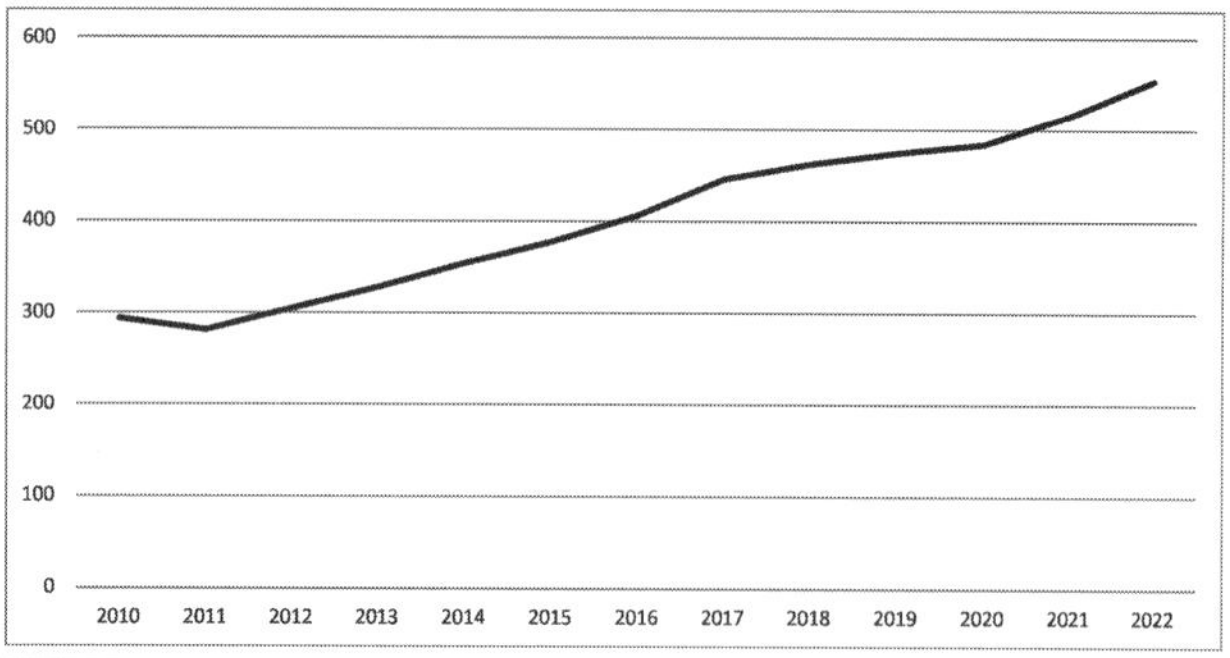

	2010	2011	2012	2013	2014	2015	2016	2017	2018	2019	2020	2021	2022
内部留保	294	282	305	328	354	378	406	447	463	475	484	517	555

※厚生労働省[内部留保の推移（ストック）]より筆者作成

https://www.mhlw.go.jp/stf/wp/hakusyo/roudou/23/backdata/02-01-15.html

【図21】企業の内部留保推移（単位：兆円）

企業のステークホルダー（利害関係者）には、株主、顧客、従業員などがいる。従業員の給料はほとんど上げずに配当金は順調に伸びていることからもわかるように日本の会社の多くは、この中の株主に最も重点を置いていると言わざるを得ない。勿論その背景には、日本の上場企業株式所有者の約30％が外資であり、彼らの関心が配当性向やROEである以上、ある程度配慮せざるを得ないことは理解できる。しかし、世界中の会社の中で長く生き残り高い業績を維持している会社の多くが、実は従業員満足度が高く、先ずは何よりも働く従業員を大切にしていると言われている。従業員の満足度が高ければ顧客対応も良くなるし、業績も上がるというわけである。そうなれば結果として株主への還元も安定することになるのだ。従って、ROEに配慮しつつもできるだけ給料を上げて従業員のモティベーションを上げるべきである。

また、批判を恐れずに言えば、働く側も給料アップは、自ら勝ち取る意思を示す必要がある。海外では、年棒交渉で有能な者ほど自らの実績と能力を盾にベースアップを勝ち取りにくる。時には転職を匂わせブラフを掛けてくることもある。欧米や中国では、転職の最大の目的は給料のアップである。一方、日本の場合、多くは人間関係のリセットであり、結果として自分を安売りするケースが多いように思える。アベノミクス以前の円高の時代は賃金を上げるにもそもそも原資となる付加価値が不足していたが、金融緩和でやっとその原資ができたのである。賃金を上げるチャンスであり従業員も取りにいく姿勢をみせるべきである。しかしながら、個人が戦うには限界があるため、組合の役割が重要になるが、日本では組合の組織率が16％程度でしかなく、この立て直しも急務となろう。そして、メディアもそれを後押しする空気を作らなければならない。

更に付け加えておきたいのが、大企業の下の中小企業は悲鳴を上げていることを深刻に考えないといけない。大企業が困っているときに、散々原低協力させたのだから、今度は積極的に経営支援するべきではないか。そして、ゾンビ企業を増やすのではなく、下請け企業の再編にも積極的に加担するべきであろう。

冒頭の「はじめに」で述べた通り、私はデータからなるべく客観的に全体を俯瞰しようと試みたつもりであるが、どうしても自動車業界から見てきた世界にアクセントが置かれ、円安容認論が全面に出た内容になっている。これとは別の主張もあることは十分に承知しているが、国全体にとっては適度な円安の方が望ましいとの考えは変わらない。第5章で詳述するが、現在、自動車、半導体などの主要産業は大転換期を迎えており、国際競争力並びに企業内R&D（研究開発費）確保の観点からも当面は円安の追い風を受けた方が良いということでもある。問題は、円安の恩恵を受けているグローバル企業、日本政府（日本政府が保有する外貨資産）からダメージを受けている業界や一般消費者への再分配が上手く機能していない点にある。これを是正できるのは政治の世界だけである。例えば、円安による物価上昇に対し、消費減税や所得減税などの検討の余地は十分あると思う。そして中長期的には、潜在的成長力のある産業を育て経済を成長させることで、増税しなくても税収が増える経済を構築することが重要なのである。

※適度な円安とは、具体的にどの程度を指すのか。あくまで私見であるが、専門家による企業収益分析や経営者に対するアンケートなどから推察し、120〜130円くらいではないかと考えている。MAXでみても140円くらいとすると、現在（2025年1月時点）の150〜160円は円安が進み過ぎていると思う。

第5章　苦悩する先進国

メディアの報道をみてみると、世界はどんどん豊かになるのに日本だけがどんどん貧しくなっているといった暗いトーンであるが、世界の最新情報から公平に評価すれば、日本も問題が多いが、世界（先進国）の方がもっと問題の根が深く厳しい状況であることが分かる。悲観バイアスに支配されたメディアの多くは、欧米をことさら「ユートピア」のように描くが、どの国も光もあれば影もあることを理解する必要がある。

尚、本章では決して欧米との優劣（欧米落とし）を目的に書くものではない。日本の閉塞感を打破するヒントが海外にあるかのような過度な期待を持つべきではないと言いたいのだ。日本人もそろそろ自分自身のことは自分の頭で考えた方が良い。

1　新自由主義の功罪と日本の雇用問題

アメリカのレーガン大統領とイギリスのサッチャー首相、そして金融危機に端を発したＩＭＦ介入後の韓国が進めた新自由主義的な政策の功罪が問われている。確かに、この政策を進めたことで、アメリカやイギリスは経済不況から脱することができたし、韓国も飛躍的に経済成長したことは事実である。

日本の多くの識者が、アメリカのやり方を見習い、韓国から学べと言っている。勿論、謙虚に学ぶべき部分があることは認めなければならない。しかし、彼らが行ってきた過度な弱肉強食社会が如何に大きな社会的歪みを生み出したかについてもきちんと考察する必要があるだろう。

先ずは、新自由主義とは如何なるものであるか振り返ってみよう。

新自由主義（Neo liberalism）とは、財政政策等による政府の介入を排し市場原理に任せることが最も効率的に経済発展できると主張する考え方のことである。具体的な経済政策としては①民営化、②規制緩和、③小さな政府（社会保障費の削減等）の三つが柱となる。代表的な経済学者としては、シカゴ大学のミルトン・フリードマン（１９７６年、ノーベル経済学賞）、欧州ではオーストリアのフリードリヒ・ハイエク（１９７４年、ノーベル経済学賞）が挙げられる。

オイルショックなどによる経済停滞、慢性的なインフレや財政赤字に喘いでいたアメリカや「イギリス病」とまでいわれ活気を失っていたイギリスは、この政策によって再び活況を取り戻した。レーガンが行ったレーガノミクス、サッチャーが行ったサッチャーイズム、そして日本においても中曽根首相が行った３公社民営化（国鉄→ＪＲ、電電公社→ＮＴＴ、日本専売公社↓ＪＴ）が同じタイミングで施行されている。

ところが、短期的に大きな成果を出したこの政策は、徐々に潜在的な問題点を露呈し始める。過度な自由放任主義によって、社会は弱肉強食化し、行き過ぎた「自己責任社会」を到来させてしまった。これにより格差は広がり、社会から温もりが消えていった。アメリカでは何百億円も稼ぐスポーツ選手が出現する一方で、街にはホームレスが溢れている（現在アメリカでは約60万人のホームレスがいるといわれている。日本は3千人）。また、麻薬を手放せない若者が大勢いる。日本のメディアはあまり報じないが、アメリカ人の7割はここ30年間実質的な生活水準は落ち続けているのである。一方、投資によるキャピタルゲイン（株式等の売り買いによる利益）、インカムゲイン（株式等の配当）の多くを富裕層が独占していると言われている。物質主義の成れの果てとして「人の価値は金」となっていく。「今だけ、金だけ、自分だけ」といった文明のモラルが崩壊し始めているのだ。外資系の転職エージェントと接触したことがある人ならばわかる話であるが、年収は生活の糧というだけではなくてその個人の価値を表す記号となっている。トランプの支持層は、こうした新自由主義によって切り捨てられたアメリカのプアホワイトが中核をなしており、格差の拡大により溜まりに溜まった怒りが彼らの原動力になっているのである。

そして韓国である。韓国社会はもともと伝統を重んじ、組合が強い社会であったが、アジア通貨危機（１９９７年）でデフォルト（国家破産）寸前まで追い込まれていた韓国政府は、背に腹は変えられずＩＭＦの融資条件を受け入れることになる。そしてＩＭＦは、韓国に対し徹底的に新自由主義的な政策を押し込んでいく。その結果、韓国の企業は外資の草刈り場となってしまった。サムスンに次ぐ財閥であった大宇グループは解体され、大宇の自動車部門はＧＭと提携を余儀なくされる。金融機関では、第一銀行が外資に買収され、韓国大手銀行7行の内の6行は外資となり民族系はウリィ銀行1行になってしまった。従って、韓国では産業資本に比べ金融資本は極めて脆弱な状態にあり、これが現在でも同国経済のアキレス腱となっているのである。また、この時期に行った構造改革によって多くの中小企業が倒産し、サムスンのような巨大財閥に集中したことが、韓国内における高い若年層失業率の遠因になっているのである。そして、経済のスリム化は社会全体の生産性を上げたが、贅肉がそぎ落とされたことによって弱者は徹底的に切り捨てられた。サムスンの株式の約半分は外資に占められている。従って、サムスンが稼いだ利益の多くは外国人投資家に流れているのである。

図22から日本、アメリカ、韓国の自殺率の推移を見てみよう。

２０００年の数値では日本が3国の中で一番高かった。アメリカは日本の6割程度であったものが、20年間で50％も増加し、２０１９年のデータでは日本を超えてしまっている。アメリカ人の多くは、キリスト教徒である。宗教的な抑止力があるにもかかわらずこの数値である。これに加えアメリカでは麻薬（年間約９万人）や殺人（年間約2万人）による死者が加わるの

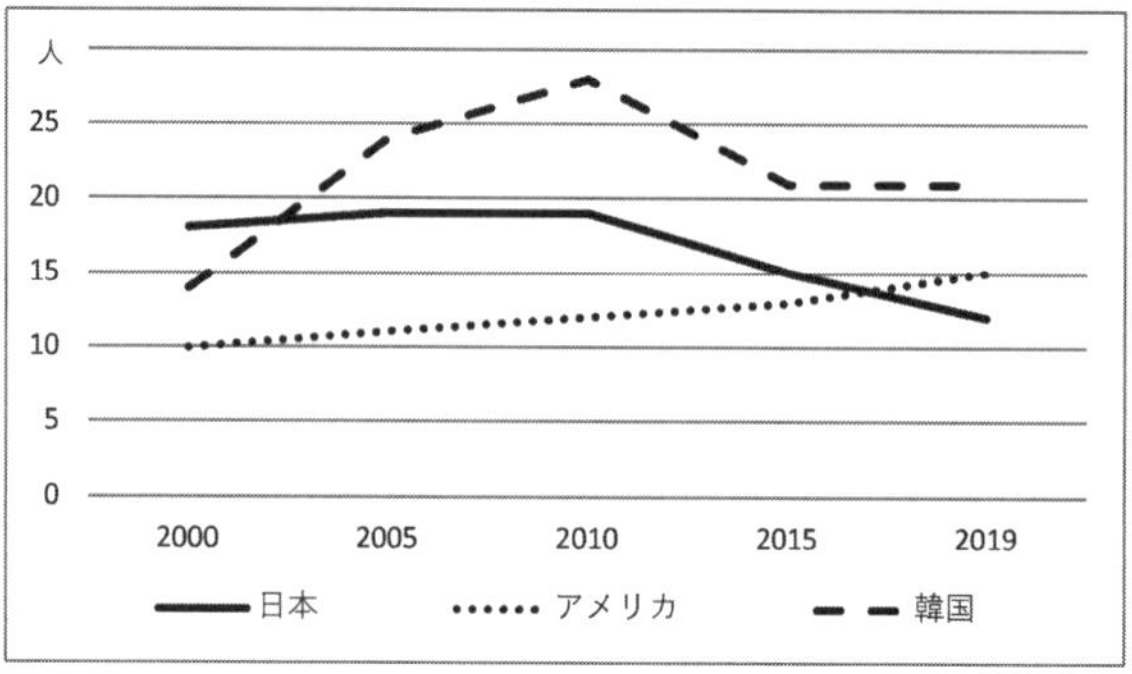

	2000	2005	2010	2015	2019	2000→2019
日本	18	19	19	15	12	-33%
アメリカ	10	11	12	13	15	50%
韓国	14	24	28	21	21	50%

※WHOデータより筆者作成

【図22】自殺率の推移（10万人当たり）

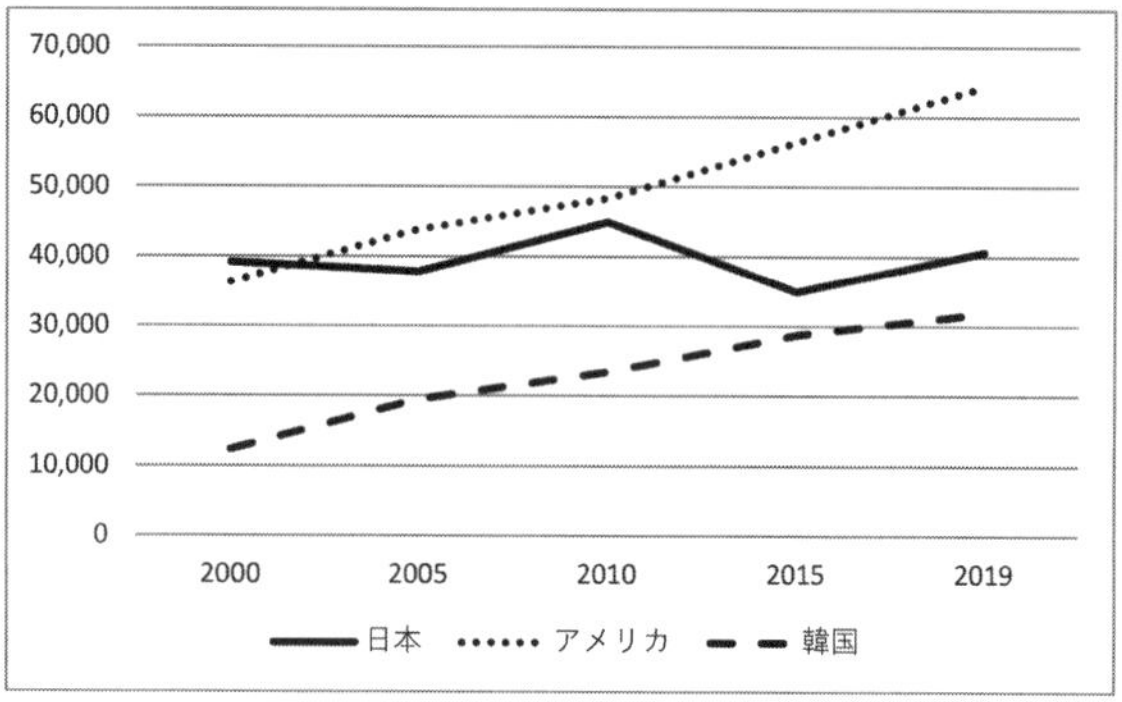

	2000	2005	2010	2015	2019	2000→2019
日本	39,181	37,805	44,956	34,930	40,686	4%
アメリカ	36,300	43,926	48,361	56,360	64,374	77%
韓国	12,315	19,522	23,438	28,744	31,875	159%

※GLOBAL NOTE（出典：国連統計）より筆者作成

https://www.globalnote.jp/p-data-g/?dno=20&post_no=12796

【図23】一人当たりGDP（ドルベース）

である。

韓国の実態も厳しいと言える。自殺率について減少傾向にあるとはいえ２０１０年は倍に膨れ上がっていた。これに対し、日本は失業率の低下に伴い自殺率は30％減少に転じ、３カ国中では一番低い数値となっている。

先述したように韓国では出生率が世界最下位を台湾と争っており、国籍を喪失・離脱する人の数が年間２万人以上もいる。日本の場合、年間２千人弱である。人口比を考えると日本の約20倍の人が国を脱出していることになる。あまりにも急激に社会を変え、過度な競争社会に持っていくのは問題があるということである。

カナダのジャーナリストであるナオミ・クラインは、この経済危機や戦争、災害などによってパニック状態に陥った社会に対し、一気に新自由主義的な政策を落とし込み社会を変革してしまうことを「ショックドクトリン」と名付けている。惨事便乗型資本主義といわれるこの政策は、通貨危機でパニック状態になった韓国にも導入されたのである。

図23のデータからも一人当たりＧＤＰが高くなれば社会が豊かになるという仮説は成り立っていない。一人当たりＧＤＰのみを取り上げて社会の豊かさの指標にすること自体無理があるのだ。

付け加えると、既に消費が飽和状態にある日本では循環型経済が拡大し、メルカリのような会社が増えているがGDPにはほとんど貢献していない。また、日本の義務教育の現場では「もったいない文化」が今でも浸透していて、廃品でおもちゃをつくったり、鉛筆も小さくなるまで使うように教育している。これはアメリカのような使い捨ての消費社会ではありえない日本的な美徳ではないか。良い習慣まで潰してGDPを上げる必要はない。

勿論、「GDPなんか無視すればいい」といったGDP不要論を唱えるのも間違いである。「文化立国論」は大いに賛同するが、人は霞を食べるだけでは生きていけないからである。孟子の言葉に「恒産なくして恒心なし」という故事があるが、国民経済においても、ある程度安定した所得や財産がないと、社会の安定を保つことは難しいのである。

しかし、みんなが安全で美味しい食事がとれ、だれもが必要な医療を受けられ、老若男女を問わず様々なレベルの教育が受けられるのであれば、それ以上の贅沢を得るために、どこまで社会・個人が頑張る必要があるかは十分に考えてみる必要があるだろう。

話は変わるが、日本の生産性が上がらない要因の一つは、簡単に社員(特にホワイトカラー)を解雇しなかったからである。

私は、同じ業種で日系企業と外資系企業で働いた経験があるが、営業や一般管理部門に関しては、日本にアメリカ式の効率を求めたら約3割から5割が解雇されるであろう。そしてリストラが収束した後にも、最悪のケースでは毎年成績下位10％が解雇されるのである。そうすると意味のない書類、会議は必然的になくなっていく。そして残った人の給料は当然上昇するのである。アメリカの会社は概ねこのスタイルを取っている。このやり方を徹底すると生産性は高くなる一方で、今の日本人からは想像できない大変なストレス社会になる。アメリカでは、エリートになればなるほど激しいプレッシャーにさらされ、中には麻薬や酒に依存する人も増えている。アメリカ社会を描く場合、給料が日本の２倍以上という話とセットにこうした負の側面も映し出さねば実態は見えてこないのである。

日本はよく言えば温情主義的な社会である。「みんなを守るためにみんな貧しくても我慢しよう」という社会でもある。このことによって、一部の有能な社員がどれだけ不満を抱えているかも理解しないといけない（アメリカの調査会社のレポートでは、熱意のある社員の割合を調べたところ、日本は５％と最下位であった）。日本とアメリカの実情には、対照的な表と裏があるのだ。

そうした日本にも新自由主義的な政策が推し進められた時期があったことも付け加えておく必要があるだろう。最初に登場したのは、中曽根首相が行った３事業民営化であり、１９９６年より橋本首相が進めた「金融ビッグバン」（銀行業、証券業、保険業の規制緩和）である。ここまでは、それほどの社会的な反発は発生していない。ましてや、国鉄がＪＲになったのは間違いであったという識者もほとんどいないであろう。国鉄がＪＲに民営化したことで国鉄時代に膨らむ一方であった膨大な借金の返済を進めることができたし、ストはなくなり、鉄道サービスや従業員の対応が格段に良くなったことを皆知っているからである。問題は、小泉首相時代に行った派遣労働の自由化である。それまで専門職に限られていた派遣労働の対象が２００４年には、工場の現場まで波及し、景気循環の調整弁にされてしまったことで世間の批判を浴びることになる。

今後は、今までのように正規労働者はガチガチに守り、非正規は簡単に切り捨てるというアンフェアは排すべきである。一方、国や金融機関があまりに温情的に企業を守ると、本来市場から退場するべき再生の見込みのないゾンビ企業が残ってしまう。雇用の安定と生産性追求のバランスについては微妙な匙加減が求められ、失業保険、再就職支援などセーフティーネットとセットでないと答えは簡単には出せない。また、日本はフルタイム労働者に対し短時間労働者の時間当たり賃金が６割弱（欧米は７〜９割）と低いことが問題視されている。この格差是正も急務である。

更に、日本が抱える構造的な問題は、ホワイトカラー（財務諸表で言う販売費及び一般管理費）が余っているのに対し、現場の人材が不足しているという問題である。人口動態で考えると「失われた30年」の間、多くの企業が、人口のボリュームゾーンと言われる団塊の世代とそのジュニアの大卒者を抱えてしまっていた（ふたつのコブと言われている）。このホワイトカラー余剰部分に対する切り捨てをできるだけ避け、生産性を犠牲にしながら騙し騙しやってきたのが現実ではないか。大企業のリストラなどでこの部分を大幅に減らしても経営的には大きな問題は起きていない。今後はＡＩの普及によって更に削減せざるを得なくなるであろう（もう抱えるだけの余裕はなくなってきている）。

経営コンサルタントの冨山和彦氏（経営共創基盤代表取締役ＣＥＯ）は、日本のホワイトカラーは、明治初期に没落した武士階級と似た状況にあると指摘している。今後この領域では、ＡＩを上手く使いこなすなどの技能がなければ給料を上げることは難しく、「漫然とホワイトカラー」は淘汰が進み、これからは「現場仕事の時代」が到来すると述べている。

もう一つの問題は、社会にとって必要な領域における人手不足である。この問題は根が深いが、人が足りない分野では賃金は上昇するし、既にその傾向は出始めている（実質賃金が上昇していないことはしばしば指摘されるが、実質賃金を労働時間が割った実質時給賃金は２０１５年あたりからじわじわと上昇してきている）。そして、リスキリング（職業能力の再開発・再教育）によってホワイトカラーからの移動が進み、また肉体労働の一部はＡＩロボットに置き換わっていくであろう（ここでは詳述しないが、ＡＩを活用したロボットの進化は驚異的である。工場の現場や介護の世界などでＡＩロボットが普及する日は近いと言われる）。

話は変わるが、私は、地域の児童館で週二日非正規社員として楽しく働いている。一線を退いたサラリーマンにとって働き口はいくらでもある。変なプライドを捨てればいくらでも社会貢献を実感しながら楽しいセカンドキャリアを過ごせるのである（私の周りでも現役時代にそれなりの高い地位にあった者が現役を退いた後、先生や運転手などエッセンシャルワーカーとして無理のない範囲で働くケースは珍しくなくなっている）。

＊冨山和彦『ホワイトカラー消滅　私たちは働き方をどう変えるべきか』（ＮＨＫ出版新書、２０２４年）は、今後の働き方を指南している名著である。一読をお薦めする。

そして、現在物議を醸している移民の活用であるが、労働コスト削減を目的に安易に移民を入れると折角の賃上げ機運をスポイルし、日本を再びデフレ型経済に戻すことになる。更には、治安の悪化など大変な事態に繋がりかねない（現在、日本社会に溶け込み真面目に働いている移民にも迷惑が及ぶ可能性もある）。社会全体への影響を確認しながら、慎重に進めるべきと思う。

次項では、長い間人手不足解消のために積極的に移民の受け入れを行ってきた欧州の実情について触れてみたい。

２　厳しい欧州の現状

アメリカは訪問するごとに大都市が劣化しているという話はよく聞く。中には内戦寸前のギスギスした社会であると指摘する声もある。ヨーロッパはどうであるか。

私は最近16年ぶりに昔赴任経験のあるパリを訪問してみた。フランス人から間接的に最近のパリは酷いと聞いたからである。パリは観光地としては別格に素晴らしい街である。フランス人を苦手とする外国人も多いが、深く付き合えば義理人情の分かる人たちであり、私個人としては友人も多く、大好きな国の一つである。そのパリがかなり酷い状況になっていたことに驚きを隠せなかった。１週間余りの滞在の間に、スリ未遂、詐欺に遭い、喧嘩を吹っ掛けられることもあった。そして、街にはホームレスが溢れていた（日本の文京区にあたる地域で50ｍおきに若者から高齢者、乳児連れの親子までホームレスがいた）。パリ北部の下町は昼間でも歩ける空気ではなかった。このパリも同じフランスのマルセイユやイギリスのロンドン、イタリアのローマに比べたらまだましであると聞く。

ヨーロッパの問題は根が深い。知人から聞いた話としては、「ヨーロッパの若者は、牧師や神父のことが信用できなくなってきた」というのである。この背景には、最近起こった聖職者の性加害問題の影響も大きいのだろう。

※カトリック教会の性加害問題

２０２１年、フランスで発表された調査報告は世界に衝撃を与えた。１９５０年以降、約21万人以上の未成年者がカトリック教会の聖職者から性被害を受けたことが明らかになった。フランス以外の国でも聖職者による性加害は多数報告されており大きな社会問題になっている。

キリスト教とＬＧＢＴの問題もある。聖書では基本的に同性愛は罪であると説いている。関連したヘイトクライムも多いと聞く。これに対し人権擁護の観点からＬＧＢＴに対する法整備が進んだのである（日本とは事情がまったく違うことを理解する必要がある）。欧米社会において、この宗教（信仰）と人権の相反性に対しどのように折り合いを見出すかは極めて難しい問題なのである。

もっと深刻な言い方をすれば、今まで欧州が基盤としてきた社会通念や規範が崩れてきたのである。今まで信じてきたものが信じられなくなる。社会科学でいうデュルケームの「急性アノミー」の問題が浮上しているのではないかとも思われる。急性アノミーとは、社会学者エミール・デュルケームによって定義されたもので、社会に共通し存在していた規範や価値観が崩壊する社会的状態のことである。

そこに移民問題、若年層の失業の問題、更には麻薬の蔓延などが被さってくる。欧州の闇は相当に深い。例えば、ニート問題は日本でも話題になることが多いが、ニート率を比較するとイタリアは日本の6倍、スペインは4倍、フランス、イギリス、アメリカで3倍以上の規模に上っている（因みに日本は世界で2番目に低い）。
イタリア国家統計局の調査によると、10代のイタリア人の３分の1以上が成人したら海外に移住したいと考えていると言われている。
※ニートとは、学校に通っていない、働いてもいない、職業訓練も受けていない若年（15〜29歳）のこと。

特に、欧州の移民問題については深刻であり、例えば、北欧の中で積極的な移民政策を採ってきたスウェーデンは、自主的に帰国した移民に対し一人当たり最大35万クローナ（約４９０万円）を給付する新制度を発表している。また、急激に大量の移民を受け入れてしまったことに対し、多くの学者やジャーナリストが「西洋文明」が危機の過程にあると警鐘を鳴らしているのである。勿論、一億人を超えると言われる難民・避難民をほったらかしておいて良いのかということは十分承知している。胸が痛くなる問題であるが、下手な受け入れ方をするとお互いが不幸になることを欧州の現状は物語っている。

私は移民そのものに反対しているわけではない。体制が不十分な状態でハードルを下げてまで移民を急激に増やすべきではないと主張しているのだ。日本の社会・文化を受け入れて、ルールに従うのであれば反対する理由はない。

〈北欧について〉

日本では、北欧をユートピアのように語る人が学者やコメンテーターに多いが、何で日本のことを考える時に、わざわざ北欧を持ってきて自国と比較するのか理解に苦しむ。

確かに北欧は経済も豊かであり、民主主義指数も高く国民の政治に対する信頼度も高い。私も出張レベルではあるが訪問した時、仕事や生活に余裕があり、皆が無理なく働いている姿に感銘を受けたものである。確かに、働き方や環境問題に対する取り組みについて彼らから学ぶべき点は多いと思う。

しかし、フィンランドは人口560万人、面積は日本とほぼ同じ34万㎢、スウェーデンは1055万人、45万㎢、ノルウェーは552万人、32万㎢である。天然資源も豊かであり北海油田もある。日本は、38万㎢の中の限られた平地（国土の3割）に1億2千万人以上が肩寄せ合って生きているのである。周りのことを常に配慮し、自分勝手が許されない環境に何百年も生きてきたのである。この日本が、まったく環境の違う北欧をベンチマークにして「北欧を見習おう」というのには無理があるのではないか。

表2の様々な指標を見てみたい。失業率、インフレ率は日本の方が良好であるし、殺人率からみても治安は日本の方が良いことが分かる（また積極的な移民政策を採ったスウェーデンの治安は悪化傾向にあることが問題視されている）。

【表２】北欧諸国との比較

	日本	スウェーデン	フィンランド	ノルウェー	
面積（万Km2）	37.8	45.0	33.8	32.4	
人口（万人）	12,437	1,055	560	552	2023
一人当たりGDP（ドル）	33,806	56,225	54,008	87,739	2023
失業率	2.57%	7.67%	7.21%	3.60%	2023
インフレ率	3.27%	5.91%	4.34%	5.52%	2023
ビッグマック指数	450円 (3.04USD)	867円 (5.87USD)		1,056円 (7.14USD)	2024
殺人率（10万人当たり）	0.23	1.1	1.25	0.55	2022
自殺率（10万人当たり）	12.2	12.3	13.4	9.91	2019
幸福度ランキング	51位	4位	1位	7位	2023

＊失業率
世界経済のネタ帳（出典：IMF - World Economic Outlook Databases）より筆者作成
https://ecodb.net/ranking/imf_lur.html
＊インフレ率
世界経済のネタ帳（出典：IMF - World Economic Outlook Databases）より筆者作成
https://ecodb.net/country/JP/imf_inflation.html
＊ビッグマック指数
世界経済のネタ帳[世界のビッグマック価格ランキング2024より/出典：The Economist(The Big Mac index)]より筆者作成
https://ecodb.net/ranking/bigmac_index.html
＊殺人率
GLOBAL NOTE[世界の殺人発生率　国別ランキング2022/出典：UNODC（United Nations Office on Drugs and Crime）]より筆者作成　https://www.globalnote.jp/post-1697.html
＊自殺率
WHOデータより筆者作成

特筆するべきは、ノルウェーの一人当たりGDPである。これはアメリカよりも高い。ノルウェーは石炭、鉄、銅、ニッケルなど鉱物資源が豊かであり、電力のほとんどは水力で賄える上に、更に北海油田を持っている。このような国を羨んでも仕方がないであろう。北欧モデルとは、そもそも小規模な人口と豊かな資源があって成立するものであり、日本とは前提条件が違うことを理解する必要がある。

一方北欧では、日照時間6〜8時間の日が1年の3分の1を占める。日本のように四季を楽しめるわけではない。自殺率を見ると北欧と日本との差があまりないのは、北欧は日照時間が短いため「うつ病」の原因となるセロトニンの減少が進むことが原因の一つと言われている。

よく北欧との比較で引き合いに出される「世界幸福度ランキング」なるものがあるが、2023年日本は51位であった。この調査結果をもとに「日本は不幸な国」とメディアが一斉に報道するのが毎年恒例となっている。そもそも幸福度なるものの測定方法はどのように行われているかと言えば、自分の人生が完全に満足である場合10点、不満足の場合0点として各国約千人の回答の平均値が使用されている。この方法の問題点として指摘されているのが、欧州の国々に対して東アジアの国々では「中庸」という考え方があるため点数が控えめに出てしまうことだ（因みに同じ東アジアの韓国は57位、中国は64位となっている）。つまり国同士の相対比較では問題の多い指標なのだ。

最後に一点付け加えると、北欧の三国は、他国に侵略されてきた歴史的背景から徴兵制をしいている。フィンランドやスウェーデンは中立政策を採っていたが、ウクライナ戦争以降ＮＡＴＯに加盟している。ノルウェーやスウェーデンでは女性にも徴兵が課されている。最悪ケースに備えシェルターも完備していると聞く。メディアは、こうした面にも蓋をしないできちんと報道するべきであろう。

〈ドイツについて〉

最後に欧州の盟主といわれたドイツについても述べてみたい。

ドイツのＧＤＰが日本を抜いたと騒いでいるが、為替レート（日本の円安）と欧州の高インフレが主要因であり、そんな目くじらを立てる話ではない。ドイツ経済はこの約20年、ＥＵという4億人超規模の市場で競争力ある自動車等を拡販し、更には中国との関係強化によって中国経済の成長を取り込む形で経済成長を進めてきた。

そして、エネルギー政策については、ロシアからのノルドストリームで安価な天然ガスを手に入れ、更にはユーロ諸国の財政問題等に起因するユーロ安によって競争力を高めてきたのである。一時期「ユーロはギリシャにとってはとても高く、ドイツにとっては安い」といわれたものである。しかし、近年の中国経済の低迷とウクライナ戦争によって経済の基盤は急速に悪化し始めている。これに加え、原発の停止や風力・太陽光発電のコスト高騰によって、今や世界で一番エネルギーコストの高い国の一つになっている。自動車や製薬会社等では、生産拠点のドイツ国外への移転を検討する動きも出ており、一時期日本が苦しんだ「国内空洞化」の問題が急浮上しているのだ。ドイツは積極的な環境問題への対応等世界的な評価を受けていたが、最近は「欧州の病人」といわれ苦境に喘いでいる。政治もドイツ社会民主党ショルツ首相の支持率は低迷しており移民政策に対する不満により右傾化が台頭し政治は日本以上に混乱している。ドイツは学ぶべき点も多く個人的には大好きな国の一つであるが、大きな岐路に立っているのである。

※ドイツと日本のGDP比較（２０１０年から２０２３年）

図24を確認して頂きたい。

日本がドイツにＧＤＰで抜かれ３位から４位に転落したのは、ドルベースでの名目ＧＤＰである。

日本とドイツの差が一番大きかったのは日本が円高不況にあった２０１０年から２０１２年で約70％も日本のＧＤＰの方が高かった。そして２０１２年以降、日本は円安の影響によってドルベースでのＧＤＰは低下し、２０２３年にドイツに抜かれることになる。

しかし、日本人もドイツ人も別にドルで生活しているわけではない。図25は自国通貨建てでインフレ影響を除いた実質ＧＤＰで比較したものである。するとこの13年間で日本は10％（年平均０・７％）、ドイツは17％（年平均１・３％）増大していることが分かる。したがって

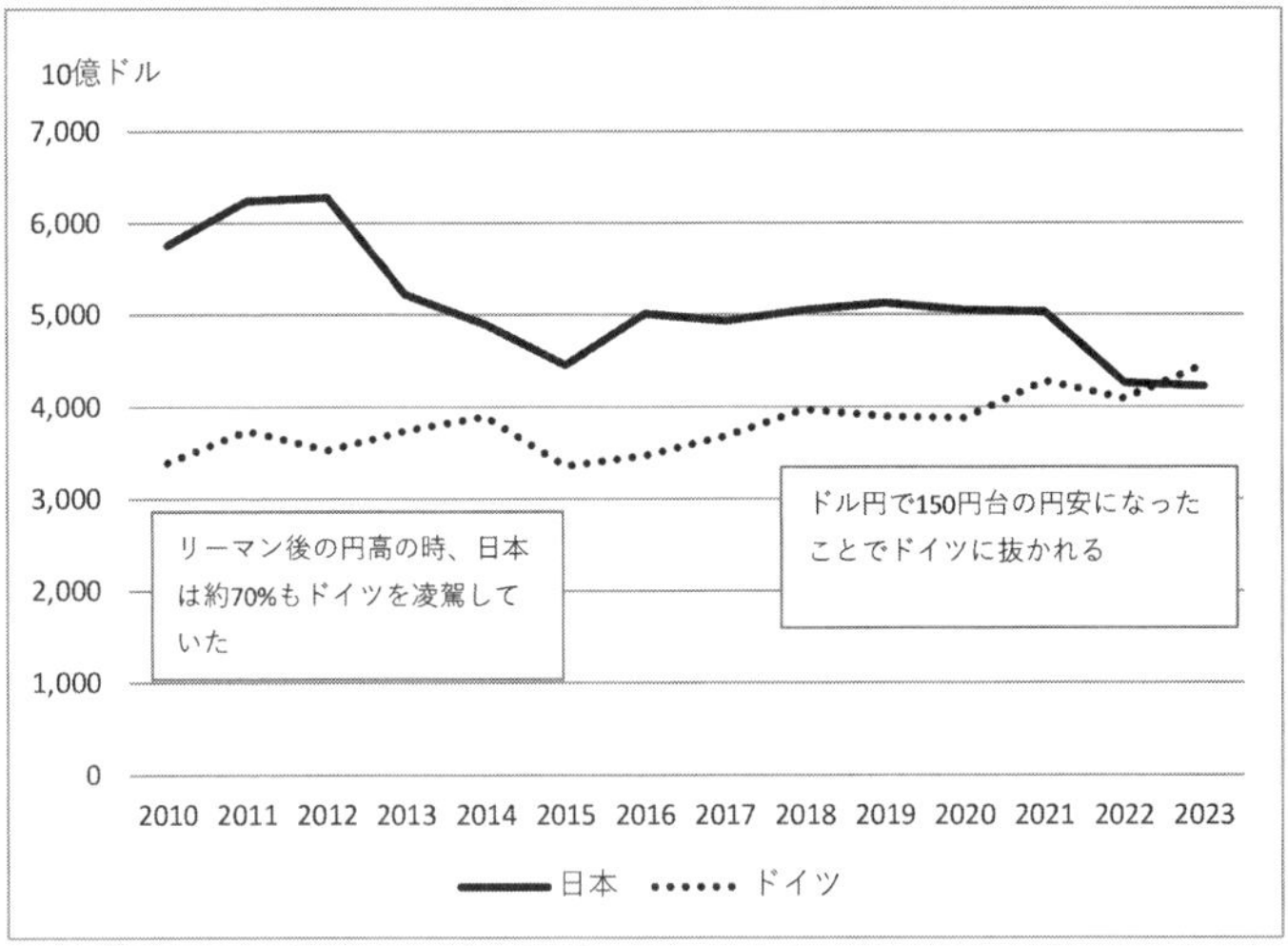

【図24】日独の名目GDP推移（ドルベース）

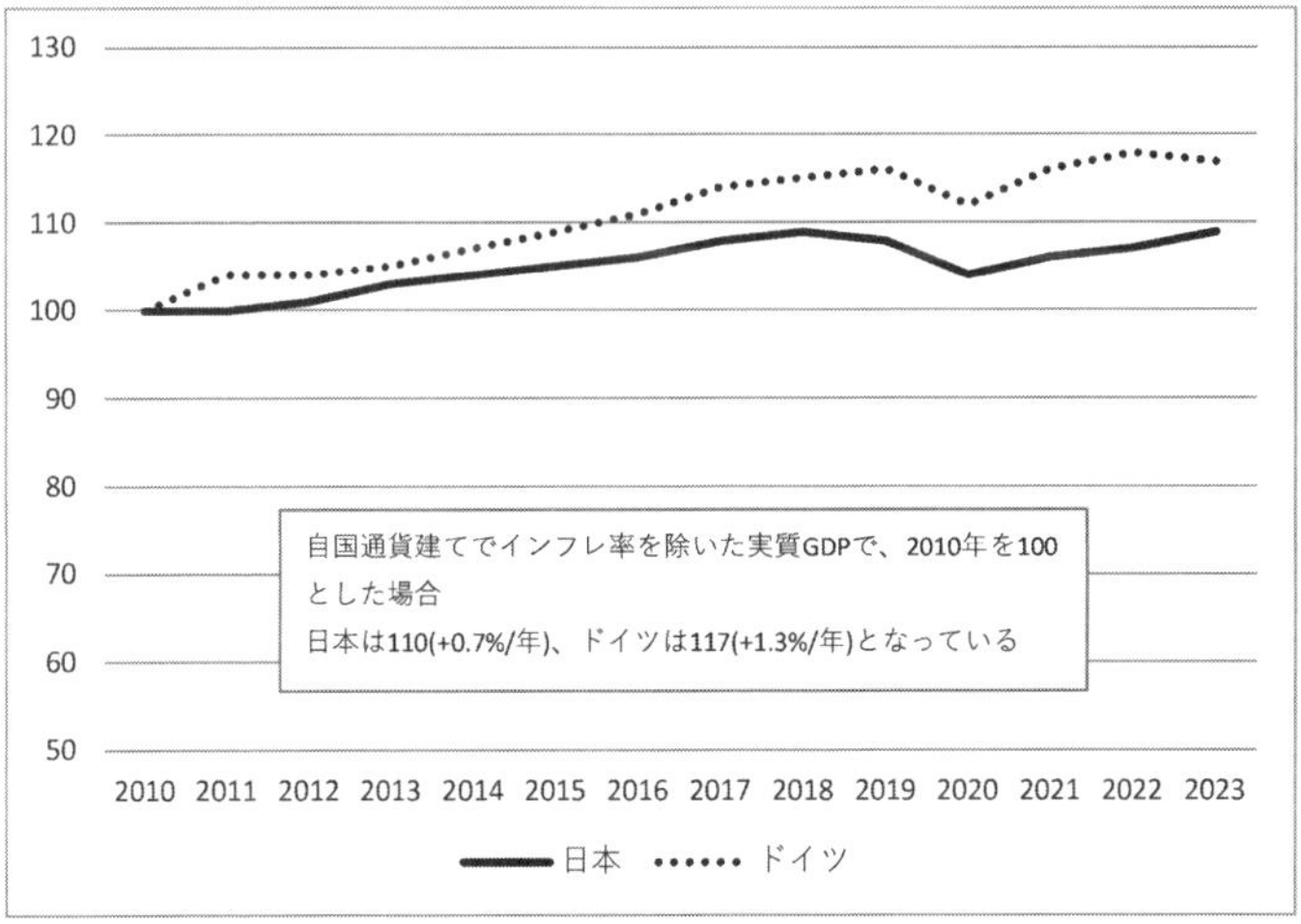

※世界経済のネタ帳[出典：SNA(国民経済計算マニュアル)に基づいたデータ]より筆者作成　https://ecodb.net/country/JP/imf_gdp.html

【図25】自国通貨：実質GDP推移（2010年を100とした場合）

ザックリとした見方では、逆転された70％の内、実質的な経済成長によるものが10％弱くらいであり、あとの60％は為替とインフレ率の影響になると考えられる。つまり、この13年間、ドイツの経済はどんどん成長し、停滞する日本を抜き去っていったわけではなく、為替レートとインフレ率の差でそのように見えただけである。因みに２０２３年の実質ＧＤＰが前年割れとなったのは、先進国ではドイツ一国である（ドイツ▲０・３％、日本は＋１・９％）。

また、為替を国力と結び付けて語る識者が多いが本当だろうか。日本円がリーマンショック後70円台になり円高不況と言われた時代、日本の国力は上昇していたのか。又、90年代前半バブル崩壊後同じく70円台になって不況に喘いでいた時日本の国力は上昇していたのか。説明できないであろう。

付け加えると、日本に70％も引き離されていた時のドイツは、ユーロ安の影響で経済は潤っていた。ＶＷはトヨタを凌ぎ当時は世界一の自動車メーカーであった。国力と為替の関係をリジッドに結び付けるにはそもそも無理があるのではないか。

3　中国のバブル崩壊

天安門事件（１９８９年）が起こる前の中国は、鄧小平副首相によって独自の経済発展を目指していた。そして「日本に学べ」と１９７８年、鄧小平が訪日する。当時私は高校生であったが、テレビで鄧小平率いる視察団が、新日本製鉄の君津工場や日産自動車の座間工場、松下電器の茨木工場など見学したことが話題となっていたことが印象的であった。この時に君津の製鉄所を訪れた鄧小平が「これと同じものを中国にもつくりたい」と発言し、当時新日鉄の稲山会長の鶴の一声で全面協力することが即決され、この流れが中国の宝山製鉄所の出現に繋がっていったのである。

しかし、天安門事件によって様相は大きく変わってしまう。鄧小平は、もっと迅速に経済発展し生活水準を上げないと大変なことになると考えるようになる。そして、外資を呼び込み改革開放による経済発展を急速に進めていった。その後、日本、アメリカ、欧州の多国籍企業の多くが中国に下請け工場を建設し、中国の安い労働力を活用し始めていく。西側の多くの国は、「中国は経済発展すれば、いずれ民主化するだろう」と考えたが、中国では政治は共産党、経済は市場経済のまま現在に至っている。日本では、パナソニックをはじめ家電メーカーが中国進出の先陣を切った。一方、自動車業界は一歩遅れてしまう。欧米に対する現地生産に集中していて中国まで手が回らなかったからである。そして日本を当てにできないと考えた中国は、ドイツのメーカーとの提携を進めていく。ＶＷなどのドイツ車が中国でシェアが高いのはそうした背景からである。

そして今、その中国経済が大変厳しい状況を迎えている。中国発展の原動力の一つは不動産価格の上昇である。これを前提に信用創造を拡大させてきたのである（不動産はGDPの30％を占める）。その不動産の価格が低下しバブルの崩壊が始まったのである。

中国で不動産取引が自由化されたのは1990年代後半のことである。それ以降、不動産価格の上昇が将来も続くと考えられていた間は、その資産効果によって消費を拡大できたが、2021年を境に下落しはじめると消費意欲は減退し経済成長が鈍化してきているのである。一方、供給サイドの強化は進み、あらゆる分野で製品の性能・品質は大幅に改善されたが、消費の低迷によって生産能力は過剰状態にあり、国内で消化できない分は必然的に輸出に向かうことになる。しかしながら、軽工業製品、太陽光パネルまではそれほど相手国との軋轢は生まれなかったが、自動車（EV）となると各国の基幹産業であり簡単にはいかなくなってきている。そして、世界最大の消費大国であるアメリカが自らの覇権を脅かす中国の伸張をこれ以上許さない動きをみせている。右肩上がりを続けてきた中国は、大きな転換点にあるのだ。この状況に対しいくつかの点で、日本のバブル崩壊と似ていることを指摘する経済学者は多いが、中国において問題なのは、日本は高度経済成長で人々の暮らし全般が豊かになったあとのバブル崩壊であったのに対し中国は一部の富裕層は別にして多くの人々が豊かになる過渡期でのバブル崩壊であり、社会保障制度やセーフティーネットの問題など課題は山積している（現在中国の一人当たりGDPは約1万2千ドルであり、欧米や日本・韓国・台湾などとの差はまだ大きい）。

＊　＊　＊

日本は問題が多いが他国も同じである。アメリカは一時期内戦がまことしやかに言われているほど国家は分断した状況にある。欧州の成長も陰りを見せており、移民との間に文明の衝突が起きている。そして、中国や韓国も多くの問題を抱えている。日本はどこかの国や地域をパッケージで模倣するべき時代ではない。環境問題など世界共通のテーマについては連携しつつも、自分のことは自分の頭で考える時代がきたのである。

第6章　正念場の日本経済

1　戦える材料は揃っている日本

プラザ合意後並びにリーマンショック後の二つの円高という大激震に見舞われた日本は、国内の空洞化をはじめ様々なダメージを受けていたことは本論で散々書いてきた通りである。

この間、日本経済は低位成長であったものの、大きな失業率の悪化も起こらず悪性のインフレに苦しむこともなく、様々な社会指標（自殺率、犯罪率等）は、ここ30年で大きく改善してきたことも事実である。逆にこの居心地の良さに安住している間に、世界は大きく変わってしまった。

「30年の停滞」というが、世界史を紐解けば、アメリカもイギリスも60～70年代が停滞の20年であったことは、第1章で書いた通りである。大きな歴史の視座に立てば、やり直しはいくらでもできると自信を持つべきである。

一方、世間に出回るマスコミの論調は、「日本は絶望的である」「おわりだ」「未来がない」など自虐的でネガティブなものだらけである。危機感を煽ろうという思いで書かれているのはわかるが、自信を喪失して未来を悲観しても何も生まれないだろう。日本人はメランコリック親和性（真面目で規律や秩序を重んじうつ病になりやすい傾向がある）の高い民族である。最近のゲノム解析では、日本人は「幸せホルモン」と言われるセロトニンの分泌量が少なくなる「セロトニントランスポーター遺伝子の中のＳＳ型」を有している人が多数を占めていることが分かっている。もともと日本人は遺伝的に楽観的ではなく不安を感じやすい民族なのだ（この背景には歴史的に災害が多いことが関係しているという説がある。そしてこのことが日本人の貯蓄性向が高い遠因の一つになっているのかもしれない）。

国民全体を抑うつ状態にしても仕方がないであろう。

繰り返すが、原資はある。２０００兆円を超える個人金融資産、５００兆円を超える企業内部留保などのストックの他、毎年数十兆円の貿易外収支の黒字が外貨を稼ぎ出してくれている。そして、国家ブランドも世界トップレベルと評価されてきている。背景には、アニメ等の文化面での高い評価や、長年海外の経済発展に寄与し、ものづくりを通して積み上げてきた国際的信用によるところも大きいと考えられる。

今や日本は、円安という経済環境によって国際競争を有利に戦える環境にある。更に東アジアを取り巻く地政学的リスクの増大に伴い、海外の投資は日本に向いてきている。我々は、これを絶好のチャンスが到来したと捉えなければならない。もともと日本には世界トップクラスの基盤技術がある。現在でも世界の電子部品の40％は日本製である。ものづくりの基盤となる工作機械（NC装置世界3強の内の2社は日本のファナックと三菱電機）、産業用ロボット（世界4強の内の2社は日本のファナックと安川電機）、モーター（ニデックは世界一のシェア）、特殊鋼、炭素繊維等の特殊素材など世界最高レベルの技術は広範囲にわたる。これだけの基盤技術を一国で揃えられる国は、日本の他にはない（勿論、ネックとなっているデジタル化の遅れを挽回することは急務であるが）。

そして最近、日本製鉄（旧新日鉄住金）のV字回復というビッグニュースが飛び込んできた。過去最大の約4300億円の赤字から数年で過去最高益に回復したのである。「変われない日本」、「決められない日本」など散々に言われるが、日本製鉄は橋本英二社長の上からの改革によって会社を蘇らせた。旧日新製鋼の呉地区の全面閉鎖などにより粗鋼生産能力の約2割を削減するという縮小均衡と同時に、高張力鋼板（ハイテン、超ハイテン）と呼ばれる高付加価値の鋼板材については、今までタブーとされてきた自動車メーカーに対する値上げを行っている。そして、M&Aによる積極的なグローバル戦略を進める一方（現在、USスチールとの交渉が難航しているが）、「水素還元製鉄」のような地球環境問題にも果敢にチャレンジしている。攻めと守りのバランスを十分に考慮し、コモディティ化（品質や性能ではなく価格での競争）した領域ではなく、高付加価値分野で勝負している。グローバルニッチの小さな巨人だけでなく巨大な素材産業もまだまだ十分に戦える好例を示してくれた。

明るいニュースを付け加えると、日立とソニーの復活であろう。

先述したように日立はGEと比較され、動きの鈍い日本企業の代表のように扱われてきた。そして、リーマンショックのあと、8000億円近い赤字を計上し地獄の底を嘗めながら、10年以上にわたる構造改革を地道に行っていった。そして、旧来のコングロマリット経営で間延びした事業ポートフォリオを抜本的に見直し、事業をデジタル化と脱炭素関連に業態転換し見事に復活している。このように時間を掛けて新しいビジネスに方向転換していくパターンもあるのだ。

そして、世界的なブランド企業でありながらリーマンショックとその後の円高、テレビ事業の低迷によって4期連続の最終赤字を計上し、一時は倒産もありえるというところまで堕ちたソニーも見事に復活している。現在（2024年3月期）は、6つの事業（ゲーム&ネットワークサービス、エンタテインメント・テクノロジー&サービス、映画、音楽、イメージング&センシング・ソリューション、金融）で連結売上高13兆円（連結営業利益1・2兆円）を叩き出している。従来のエレクトロニクスの他に、映画、音楽、ゲーム、そして金融と裾野を広げ、更に、苦戦が続く日本の半導体産業においてもソニーのCMOSセンサーは世界シェアの約半分を占めトップを維持している（CMOSセンサーはカメラやスマートフォンの画像処理には欠かせない重要部品でiPhoneにも使われている）。

日本製鉄、日立、そしてソニーの復活劇に共通しているのは、再生の基礎を築いた社長が、本流ではなく、傍流出身であったり、異端と呼ばれた人物が抜擢されていることである。日本製鉄の橋本社長は、異端と見られていた。そしてソニーの平井社長も音楽やゲーム出身のどちらかと言えば傍流出身である。日立復活の基礎を作った中西社長は子会社から呼び戻された人物である。本社の出世争いや社内政治とは距離を置き、アウトサイダーとして外から会社を客観的に見ることができた人物が伝統ある会社を再生させるのである。

メディアは、どうしてもシャープや東芝などで起こった暗いニュースを繰り返し取り上げがちであるが、日本製鉄、そして日立やソニーなどの復活劇に対しもっとスポットライトを当てた方が良いのではないか。

そして世界が再び日本に目を向け始めた背景には、経営層の入れ替えが急激に起こっていることも挙げられる。日本のトップ５００社の内の約半数がここ２～３年の間にＣＥＯが代わっているのである。そして、このことを世界はポジティブに捉えているのである。

更に、日本には金融市場も整備されている。ＩＴ化やグローバル化など遅れている面が指摘されているが財務的に比較的健全な金融機関が多数存在することも大きい。

世界の銀行時価総額ランキングを見ると、トップ20はほとんどがアングロサクソン・ユダヤ系か中国系で占められている中で、三菱ＵＦＪフィナンシャル・グループが16位にランクされている他、上位100社の中では日系は5社入っている。日本の金融機関は、バブル崩壊以降合併を繰り返しながら毒抜きを行い、リーマンショックの痛手も比較的小さく安定している。又、証券取引所の時価総額ランキングを見ると、アメリカが60％以上と断トツである。これに続くのが日本であり全体の6〜7％を占めており、英国、中国が日本に続くという状況にある。

日本には、比較的安定したメガバンク等があり、世界第2位の資本市場もある。もっと日本にお金を呼び込む努力をしても良いのではと思う。

付け加えると、日本では、世界最先端といわれる技術も育ちつつある。

ここでは、世界で注目されている先端技術について、いくつか紹介しておこう（あくまでも私の限られた知見でしかない。他にも様々なものがあるので是非とも興味を持って頂きたい）。

＊水問題を解決（フッ素化ナノチューブ）

東大のチームが通常のナノチューブの4500倍のスピードで海水を真水に変える技術を開発して話題となっている。海水の淡水化は持続可能な社会には必要不可欠な技術である。現在、海水を沸騰させ水と塩分を分離させる方法（多段フラッシュ法）があるが、膨大なエネルギーを使用するため問題が多い。一方、海水に圧力を加え逆浸透膜に通して真水に変える技術は、日東電工、東洋紡、東レが世界をリードしているが、コストの問題など課題も多い。今回開発された技術は、フッ素の「電気的バリア」によって塩の侵入を防ぐものので水が超高速で流れることを可能にする。まだ実用化に課題も多いが水問題を根本的に解決できる次世代の技術として注目されている。海水の淡水化技術が飛躍的に改善されれば、世界の水問題や食糧問題を抜本的に変えることになるのだ。

＊地震予知、宇宙開発を変える（光格子時計）

２００１年東京大学の香取教授が考案し２０１４年に実現化している光格子時計が世界的に注目されている。既存のセシウム原子時計より2桁違う精度（３００億年に1秒しか狂わない）を実現している画期的な原子時計である。これにより高低差による重力の違いによって生じる時間の進み方まで検出できることになるのである。重力や高度の測定を根本から変えることで、地震・火山・津波の予測や、宇宙開発に対する貢献も期待されている。尚、香取教授はノーベル賞の有力候補となっている。

＊究極のエコカー（ペロブスカイト太陽電池搭載ＥＶ）

桐蔭横浜大学の宮坂力教授が生みの親といわれるペロブスカイト太陽電池が世界的に注目されている。これは現在主流であるシリコン太陽電池に対して、1ミリ程度の厚さで、重量も軽く、簡単に曲げることができるため、シリコン製では設置できない壁や曲面に貼り付けることが可能な次世代の太陽光電池である。この技術に注目したトヨタがエネコートテクノロジーズ（京都大学発のスタートアップ企業）とフィルム型ペロブスカイト太陽電池の共同開発を進めている。これが車載用に実用化できれば、理論的には年間３６００㎞までは充電なしで走行が可能になると言われている。都市部で近距離使用する程度ならば充電なしで走行可能となる画期的な技術である。まだ量産化には課題が残るが期待は大きい。更に、材料となるものがレアメタルではなくヨウ素（日本は世界で２番目の生産量）であり経済安全保障上の利点もある。

＊量子コンピューター

グーグルが「スーパーコンピューターが1万年かかる計算を3分20秒で解くことに成功した」とアナウンスし注目が集まった先端技術である。基礎理論では日本がリードしていた面があったが、実用化に向けては２０１９年にグーグルが、そして２０２０年には中国科学技術大学が先行し、日本がこれを追う形で２０２３年に理化学研究所が国産初号機を開発している。そして、日本がリードする光量子コンピューターの世界的権威である東京大学の古澤明教授が２０２４年９月、若手研究者らと共に光量子コンピューターのスタートアップ企業であるOptQCを設立している。

最後に、現在最もホットな半導体、自動車産業、そして宇宙開発、原子核融合発電について簡単にレポートしてみたいと思う。

2　半導体

ＡＩ、自動運転、宇宙産業といった先端技術のみならず、自動車、家電製品等の様々な日常生活用品に半導体が使われている。半導体が「産業のコメ」といわれる所以である。そして、今後の経済覇権はこの半導体が握っているといっても過言ではない。日本においても先進工業国であり続けることができるか否かはこの半導体産業でのポジションがカギとなる。

日本の半導体は、１９８０年のアメリカによってトップの座から引きずり降ろされたことは第１章の「日米貿易摩擦」で書いた通りである。そしてこれに加え、半導体の需要が大型コンピューターからパソコン、携帯電話に移り半導体に要求されるニーズが超高品質から低コストに変化したにもかかわらず、日本メーカーは相変わらず品質に拘り過ぎた。そして、リスクを恐れるあまり大規模投資を躊躇したことで、トップ判断で大規模投資を進めた韓国、台湾などに勝てなくなったのである。背景にはバブル崩壊以降日本企業全般に取りついた借金恐怖症、四半期決算に真面目に向き合いすぎたこと、更には日本の企業の多くが複数事業を持つコングロマリット企業であり、特定の事業にだけお金を回すことができなかったことなどが挙げられるであろう。そして、日本はメーカーの数が多すぎた。一社で勝てなくなると今度はお互い出資し合い統合会社をつくるが、企業文化の違いなどから様々な問題が発生し上手くいかなかったのである。

そして、日本の半導体産業が苦境に喘ぐ中、世界は水平分業に移行していった。何でも自分がやる垂直分業「自前主義」に拘り過ぎたことも日本が世界の流れから脱落していった原因と言って良いであろう。世界の半導体の分業体制はグローバルレベルで広がっている。設計に強いのはアメリカ、そして量産は台湾のTSMC、韓国のサムスンである（サムスンは、現在でも垂直分業で強みを発揮していることは賞賛に値する）。特に最先端半導体はこの2社でしか製造できない。一方、あまり知られていないが、半導体（部素材）の約50%、製造装置の約30%は日本が占めている。特に部素材に関してはシリコンウエハー（信越化学工業、SUMCOが世界2強でシェア約50%）、フォトレジスト（東京応化工業、JSR、信越化学工業が世界3強、日本の会社で90%以上のシェア）など圧倒的に日本が強い状況にある。設備に関しても重要工程の多くが日本の設備メーカーが高いシェアを持っている状況にある。特に世界から注目されているのが、東京エレクトロン（半導体製造装置世界4強の一角）、SCREENホールディングス（半導体洗浄装置などで世界をリード）、アドバンテスト（半導体試験装置のグローバルリーダー）、ディスコ（ウェハーの切断・研削・研磨装置の世界トップメーカー）、レーザーテック（半導体フォトマスク検査装置の世界トップメーカー）などである。半導体のサプライチェーンにおいて日本は不可欠の存在であり、世界の有力半導体メーカーが次世代製品について日本との連携を模索していることも注目されたい。日本は別に半導体産業から消えたわけではなくリセットしたのである。しかし、部素材や製造装置は利益率が高いものの売上高は大きくない。従って、日本の半導体産業の更なる発展には、半導体そのものの製造を復活させる必要があるのだ。

一つの大きな流れは、ＴＳＭＣ先端ロジック半導体工場の誘致成功であろう。これによってＴＳＭＣに隣接しているソニーのＣＭＯＳセンサー（世界シェアの約半分）用のロジック半導体の安定供給が図られることになる。ＴＳＭＣは日本での更なる量産を計画しており、これらに呼応して日本の大手半導体メーカー、地場企業の新工場建設計画等が相次いでいる。今や九州は、日本の一大半導体拠点として注目を集めているのである（一方、半導体工場建設ラッシュで想定される、水不足・電力不足・環境破壊等の課題解決もセットでなければならない）。

そして、本丸といえるのはラピダス（先端ロジック半導体に関する研究・開発、製造・販売を行う会社で、トヨタ、ソフトバンク、ソニーグループなど8社が出資し、日本政府も巨額の助成を計画している）が北海道に建設中の2ナノ（10億分の2メートル）最先端ロジック半導体工場である。これにより一気に台湾・韓国に並ぼうというのである（先端をいくＴＳＭＣとサムスンが現在実用化しているのは3ナノである。2ナノの量産については、ＴＳＭＣ、サムスンが２０２５年を目途にしているのに対し、ラピダスは２０２７年に計画している）。

半導体は、近年高まる経済安全保障の観点から、民間投資の世界から官民一体投資（補助金合戦）の世界になってきている。そして、米中対立による地政学的リスクの増大や円安によって日本の半導体が特にアメリカから注目され始めているのである。繰り返すが、アメリカは80年代、日本の半導体を潰し国内の半導体産業を守った。そのアメリカが今度は、中国との覇権争いから日本の半導体産業を支援しサプライチェーンの一貫として、がっちりと手を結ぼうというのである。多くの関係者が「最大にして最後のチャンス」という所以である。

現在、日本の半導体は残念ながら40ナノまでしか製造できない。以降の微細化にはまったく追いつけない状況にあった。これを一気に2ナノまで跳躍するのであるから簡単な話ではない（実際、ラピダスの将来に対しては悲観的な見方をする識者も多いことも事実である）。

ラピダスには総額約５兆円の投資が計画されており政府の支援も厚い、日本もいよいよ本気の勝負に出たのである。

また、日本の強みを活かせる領域としてパワー半導体にも注目が集まっている。このパワー半導体は電力ロスを大幅に短縮できる技術であり、ＥＶや再生可能エネルギー関連、５Ｇ通信基地局などに使用されている。現在、インフィニオンテクノロジーズ、オンセミ、そしてＳＴマイクロエレクトロニクスのトップ３社に約40％のシェアを奪われてしまっている。日本は、三菱電機、富士電機、東芝、ローム、ルネサスエレクトロニクスの5社で約20％のシェアに甘んじており工場の再編・拡大が急務となっている（２０２３年にロームと東芝が共同生産、

２０２４年にはデンソーと富士電気が製造連携を発表している）。

先端パワー半導体で炭化ケイ素SiCを真っ先に手掛けたのが日本のロームであったにもかかわらず、競合他社の巨大投資の前に苦戦を強いられている。伸び代はＥＶ用であり、自動車メーカーとの標準化を推進するなど課題は多いが十分に勝機がある領域である。また、パワー素子として炭化ケイ素SiCの次にくると注目されている窒化ガリウム（GaN）の開発では日本がリードしており将来の反転攻勢が期待される。

そして、もう一つ最先端の半導体で注目されている技術に複数のチップを積み重ねて性能を高める「３次元（３Ｄ）半導体」がある。半導体の微細化の技術が限界に近づいており、更なる性能向上にはこの３次元化が必須といわれている。ポイントとなるのは、高い洗浄技術と後工程の技術であり、この領域における製造装置は日本が世界をリードしている。ＴＳＭＣも茨城県つくば市で日本の装置・材料メーカーと共同研究を開始しており、今後は日台の協力関係とライバル関係が併行していくと考えられる。

最先端の更に先にある次世代半導体をみると、実はＮＴＴが開発した「次世代光半導体（ＩＯＷＮ構想と呼ばれる）が世界から注目を集めている。現在半導体の世界で最も大きな課題となっているのが膨大な消費電力である（ＩＴ関連消費電力量は現在の世界の消費電力量の約２００倍になる）。このままＡＩが進化していった場合、現在の電力供給ではまったく間に合わない。現在の半導体は光信号を電気信号に変換する時に膨大なエネルギーロスが生まれて

【表3】2023年半導体売上ランキング

1	インテル	米国
2	エヌビディア	米国
3	サムスン	韓国
4	クアルコム	米国
5	ブロードコム	米国
6	SKハイニックス	韓国
7	AMD	米国
8	アップル	米国
9	インフィニオン	ドイツ
10	STマイクロエレクトロニクス	スイス
16	ルネサスエレクトロニクス	日本
17	ソニーセミコンダクタソリューションズ	日本
20	キオクシア	日本

【表4】半導体産業：市場規模概要

<table>
<tr><th></th><th colspan="2">市場規模 2019
(兆円)</th><th colspan="2">日本企業
シェア</th></tr>
<tr><td rowspan="2">ロジック</td><td rowspan="2">21</td><td>ファブレス
製品開発特化
(クアルコム,ブロードコム,エヌビディア他)</td><td rowspan="2"></td><td rowspan="2">ルネサスエレクトロニクス
※TSMC(熊本工場)</td></tr>
<tr><td>ファンドリー
製造専門
(TSMC,サムスン他)</td></tr>
<tr><td rowspan="2">メモリー</td><td rowspan="2">18</td><td>DRAM
(サムスン,SKハイニックス,マイクロン他)</td><td></td><td></td></tr>
<tr><td>NAND
(サムスン,SKハイニックス,キオクシア他)</td><td>19%</td><td>キオクシア</td></tr>
<tr><td rowspan="3">その他</td><td>4</td><td>パワー半導体</td><td>19%</td><td>三菱電機、富士電機、
東芝、ローム、
ルネサスエレクトロニクス</td></tr>
<tr><td>3</td><td>MCU(マイコン)</td><td>17%</td><td>ルネサスエレクトロニクス</td></tr>
<tr><td>3</td><td>イメージセンサー</td><td>44%</td><td>ソニー</td></tr>
<tr><td>製造装置</td><td>9</td><td>前工程〜後工程</td><td>31%</td><td>東京エレクトロン、
SCREEN、他多数</td></tr>
<tr><td>素材</td><td>6</td><td>シリコンウエハー
フォトレジスト、他</td><td>48%</td><td>信越化学工業、SUMCO
他多数</td></tr>
</table>

※経済産業省資料などを基に筆者作成
DRAM：電源切れるとデータ消失(高速な読み書き可能)
NAND：電源切れてもデータ保持(大容量データ保持可能)

いるからである。これに対し光半導体では、光信号のままやり取りしようというのである。この光半導体によって消費電力を従来の100分の1、伝送容量を125倍にできるといわれている（2030年までの開発目標）。理論的には1回の充電で1年間もつスマートフォンが可能になる。これが実用化されれば日本主導でゲームチェンジが起こる可能性を秘めている画期的な技術である。

そしてNTTは、「IOWNグローバルフォーラム」をつくって標準化を進めるなど抜かりはない。このフォーラムには、NTT、ソニー、インテルをはじめ、マイクロソフト、ノキア、サムスンなど世界138の企業・団体が参加している。

技術は世界初で注目され、実用化・商品化の段階で他国に美味しいところを持っていかれる負けパターンを日本は繰り返してきたが、今度はこの轍を繰り返してはならない。

3　自動車産業

「EVが世界を席巻する。それは遠い将来のことではない。日本車は大きく出遅れている」こうした声は3年くらい前から散々言われてきた話であるが、ここにきてEVは急に失速し始めている。テスラは嘗ての勢いを失い、メルセデス、ボルボは2030年までに新車販売をすべてEVにする計画を撤回、そして2024年後半には、EVに舵を切ったVWやGMが大リストラ計画を発表するなど欧米メーカー各社は大きな戦略転換を余儀なくされている。このような事態を背景に今度は、「ＥＶは馬脚を現した。欧米メーカーは間違っていた。やはりトヨタが今後も自動車業界を席巻する」という声が大きくなっている。こうした二つの見方が交錯しているのが現在の姿ではないか。私も楽観論から悲観論まで幅広く見聞してみたが、確かに今後の情勢を確定的に述べるのは非常に困難な局面であると思う。

ＥＶは現在の「踊り場」的な段階から、いくつかの技術的なブレークスルーを経て再び上昇トレンドに向かうのか、それとも漸増して主役の一つに留まるのか、簡単に決めつけることは難しい。しかし、時間は掛かるが、普及は進むと見ておいた方が良いかと思う（普及を過小評価しておくと後で大変なしっぺ返しを食らう可能性があるからでもある）。

少し、具体的に現状を整理してみよう。

先ず明らかにしなければならないことは、ＥＶは車にとって、そして環境にとって合理的かという問題である。現在ここが揺らいでいるからＥＶの普及が足踏みしているのである。

現在提起されているＥＶの問題点は以下の通りである。

＊ライフサイクルトータルでは完全なエコではない

ＥＶは運転している間は確かにＣO_2を排出しないが、バッテリーの製造工程で大量の

CO_2を排出するため、ハイブリッドとの比較では、走行距離がある程度なければEVの優位性は生まれない。もし電源となる一次エネルギーが再エネ＋原子力であればエコと言えるが、例えば中国、アメリカのように一次エネルギーの約70％が石炭、石油、天然ガスである場合、どこまでエコと呼んで良いか疑問が残る。

＊高コストの問題

EVを売るには、各国補助金が必要となっている。この事実だけでもEVは経済合理性を欠いていると考えるべきだ。また、補助金を捻出できる余裕のある国は良いが財政的に苦しい国はどうなるのか。そして補助金が細れば、自動車メーカーの収益悪化を招くことになるのである。

＊原材料の問題

そもそもバッテリーの素材となるリチウムやニッケルやコバルトなどの埋蔵量に限りがあり、このままEVが拡大した場合、新鉱山の開発が需要増に追いつかなくなる懸念が指摘されている。材料の希少性が増せば、これもコスト高の要因になり、また使用される材料が一部の国・地域に限られているため、経済安全保障上のリスクも大きいことがEV普及最大のボトルネックになると言われてきた。しかしながら、最近ではニッケルやコバルトを使用しないLFPバッテリーが中国を中心に普及し始めており、ネックとなっていたエネルギー密度の問題も、密集搭載することで解消されつつあると言われる。後述する全個体電池と共に、今後の動向が注目されている。

＊インフラの問題

充電機の不足、充電時間と渋滞、充電機の凍結等の問題が指摘されている。また、もし日本の車を全てEVにした場合、原発10基分の電力が新たに必要になり、国全体のエネルギーミックスの抜本的変革が必要となる。

＊バッテリー問題

バッテリー劣化・交換コスト高、リサイクルの問題、バッテリー液による土壌汚染の問題、リチウムイオン電池の発火問題など更なる普及のために解決しなければならない問題は多い。

＊重量増（ガソリン車の約1・2〜1・5倍）

道路の劣化問題、タイヤの粉塵による公害問題などが指摘され始めている。

以上の様々な複合要因（特に高コスト）によって、欧州メーカーを中心に計画を先延ばしし始めている。

しかし厄介なことは、EV化の動きは、表向き環境対応（脱炭素化）への対応となっているが裏側には、自国の競争力強化が背景にある。はっきり言えば、ハイブリッドでは到底トヨタに勝てない中国や欧州メーカーのトヨタ潰しがあるように思えてならない。

普通のガソリン車は部品点数が3万点（EVは1～2万点）でハイブリッドは4万点を超えると言われている。この機能も材質も違う様々な部品を量産で組み立てるには、高度な「擦り合わせ技術」が必要であり日本が最も得意とする領域である。以前、ドイツのメーカーはハイブリッドに対抗するためにクリーンディーゼルを進めていたが、2015年に自動車史上最悪の不祥事「ディーゼルゲート」問題を起こす（VWは厳しい排ガス規制に対応するために、排気ガス試験の時だけ大気汚染物質の排出を抑える違法なソフトウエアを搭載していた。リコールの対象は約1100万台、罰金や賠償金だけで約4兆円に上っている。更に、VWだけでなく多くの欧州メーカーなどが不正なソフトを利用していたことが発覚している）。これにより大幅な方向修正が必要になっていた。この「ディーゼルゲート」がVWをはじめとしたドイツメーカーをEVに向かわせたと言っても過言ではない。更に付け加えると、VWの最大の収益源は中国市場であり、中国がEV化に舵を切ったことで、この流れに便乗せざるを得なかったのである。

従って、世界の自動車業界は、大枠ではEV（中国＋欧州＋テスラ）VSトヨタの戦いとなっている。一方、EV推進国の間での競争も熾烈となっており、中国EVメーカーの欧州への輸出攻勢により、欧州メーカーは苦戦を強いられ、関税等で中国に対抗する動きとなっている。しかし欧州は決して対中国で一本化していたわけではなく、中国依存度の高いドイツはショルツ首相以下VWやシーメンスなどを含む使節団を中国に送り込むなどダブルスタンダードを平然と行っている。そして他国も「ドイツだけの抜け駆けを許すな」と中国との関係を繫ぎとめようとする動きもあり、欧州諸国の足並みは乱れている。

一方、トヨタの力は今のところ一歩も二歩も抜きん出ている。2023年の販売台数は1123万台で純利益は約5兆円（純利益率11％）に達した。2位VWの924万台、純利益率6％に大差をつけている。そして、時価総額（2024年1月時点）ではドイツの4社（ポルシェ、メルセデス・ベンツ、VW、BMW）を合計した規模になっている。

トヨタのマルチパスウェイ「全方位戦略」（バッテリーEV、プラグインハイブリッド、ハイブリッド、ICE内燃機関、水素、全てのパワートレインの開発を併行して進める）は、トヨタの体力と技術力があるからできるのであって、他社はEVに絞らざるを得ないのである。

従って、環境問題に加えトヨタ潰しが背景にある以上、EVのトレンドは一時的に鈍化したとはいえ今後も続くと考えられる。

それでは、トヨタの全方位戦略の一角でもあるEVはどうなるのか。

私も長年自動車産業にいて思ったことは、トヨタの戦略には、一つの法則があるということである。

トヨタは、徳川家康を生んだ三河の企業である。信長や秀吉の下で隠忍自重しながら最後に天下を取ったのが三河武士である。トヨタも同じで、他社が時流に乗って脚光を浴びても、慌てて動くことはない。ベストタイミングを見計らって後出しするのがトヨタのやり方である。80年代、まだ車がファッションの一部で各社が個性で売っていた時代、いつも市場をけん引するのは日産であった。そして後出しのトヨタにいつも美味しいところを持っていかれた感がある。これは経営戦略にも同じことが言える。海外への進出はいつもトヨタが一番遅かった。アメリカへは、1982年にホンダが4輪生産を開始したことを皮切りに、日産が1983年より生産開始している。一方、トヨタは後発でしかもGMとの合弁であるNUMMIで1984年に生産を開始している。英国においては、日産が1986年に生産を開始したのに対し、トヨタは1990年代前半になって進出している。中国でもトヨタの本格参入は日産、ホンダに対し最後であった。

このようにトヨタは他社の動向をうかがいながら万全の準備をもって最後発で進出するパ

ターンを繰り返している。ＥＶにおいてもこのパターンで勝ち組を虎視眈々と狙っているとすると、慌ててＥＶにシフトチェンジしなかったトヨタの動きは慧眼であったと言える。

そして、満を持して２０２３年10月、出光興産と組んでバッテリーＥＶ用の有力な次世代電池である全固体電池の量産化に向けた取り組みを大々的に発表している。全個体電池とは、既存のリチウムイオン電池と比べ走行距離は2倍、ネックとなっていたフル充電も約10分で可能となる。更には、性能の劣化が少ないため製品寿命が長く、リチウム電池のような可燃性の材料を使っていないため、発火のリスクもない画期的な電池である。勿論、中国をはじめとした世界の自動車関連メーカーも開発を急いでおり熾烈な競争状況にあるが、日本はこの分野での特許で世界をリードしており勝機は十分にある。

懸念点としては、近年における製品普及スピードの速さである。昔の工業製品は全体普及に数十年掛かるケースが多かったが、現在では数年で引っ繰り返る（最近ではガラケーからスマートフォンをみれば分かると思う）。つまりトヨタが市場をうかがっている間に大きな技術的ブレークスルーが起きゲームチェンジしてしまうリスクもあるのだ。また、テスラをはじめ中国や欧州のメーカーは不具合や問題を起こしながら「累積経験効果」（ノウハウ等）を積み上げているのである。これらに対抗していくことはトヨタといえども容易ではない。さらに、最近のＥＶは通信でＯＳをアップデートできるようになっている。つまり車を買い替えなくても新しい機能を追加できるのだ。この車と情報通信技術の融合をテスラはじめ中国やドイツのメーカーが着々と進めているのである。今後は、ハードだけではだめでソフトがＥＶ化のみならず自動運転における勝利のカギを握ることになる。

トヨタは２０２１年に「２０３０年までに30車種のＥＶを市場投入し、３５０万台まで増やす」と発表したが、当面はこれに期待するしかない。更に、先端技術のところで触れたがトヨタは「ペロブスカイト太陽電池」を利用した次世代型ＥＶの開発も併行して行っており、またＦＣＥＶ（燃料電池車）まで手掛けている。そして、ＳＤＶ（ソフトウェア・ディファインド・ビークル）の実現に向け、ソフト開発に対しても大規模投資を進めることを宣言し、２０２５年1月には、ＡＩや自動運転技術で世界をけん引するエヌビディアと提携関係を結び、同社の先端半導体をトヨタの次世代車で採用することを発表している。

一方、欧州ではＥＶが主力と言いながらドイツを中心に「e-fuel（イーフューエル）」の開発も併行している。e-fuelとは、CO_2と水素を合成して製造される合成燃料のことで、簡単に言えばCO_2を使った燃料で車を走らせ、排出されたCO_2を相殺しようという画期的なアイデアである。メリットとしては既存のエンジン車に燃料としてそのまま使えるため、オールドカーに対応できることである。現時点ではコストが高く、量産技術が確立されていないが、今後はこちらが主役のひとつになる可能性も否定できない（現在ドイツが技術的に先行するが、トヨタも積極的に開発に取り組んでいる）。

又、ＣＡＳＥ（コネクテッド、自動運転、シェアリング、電動化）の総合力ではテスラが先行している。テスラは売上高ではトヨタの３分の1程度であるが、株式時価総額ではトヨタの5倍と大きく差をつけている。背景には、「自動運転のプラットフォーマー」としての期待値があるのであろう。トヨタとて、うかうかしていられる余裕はない。

２０２５年2月には、日本ビッグ３の一角であったホンダと日産の経営統合が破談するというニュースが飛び込んできた。これで日産もホンダもパートナー探しについて振り出しに戻った形だ。日産との提携に対しては、ＥＶへの本格参入を表明している台湾電機大手の鴻海（ホンハイ）精密工業が意欲を示しているとも聞く。自動車をスマホ化しようと電機メーカーまでもが参入の狼煙を上げたのである。

そして最大の脅威は、ＢＹＤをはじめとした中国メーカーの躍進である。現役の自動車関係者に話を聞くと、例外なく中国製ＥＶのクオリティの高さを絶賛していた。もう「安かろう悪かろう」と侮っていられる存在ではなくなっている。

いずれにせよ、自動車産業は１００年に一度の「パラダイムシフト」の渦中にあるのだ。

最後に一点だけ付け加えておきたい問題がある。

私はTier 1と呼ばれる大手部品メーカーを退職後、Tier 2、Tier 3と呼ばれる専門メーカーで働いた経験があることは前にも触れたが、そこで感じたことは、「自動車の深いサプライチェーンは土台から非常に厳しい経営環境にある」ということである。自動車メーカーは先端

【表５】2023年自動車メーカー別シェア

1	トヨタグループ	12.0%
2	フォルクスワーゲンG	10.0%
3	ゼネラルモーターズ	6.7%
4	ステランティス	6.7%
5	フォード	4.8%
6	韓国ヒョンデ	4.5%
7	ホンダ	4.4%
8	日産自動車	3.7%
9	スズキ	3.4%
10	起亜自動車(韓国)	3.3%
11	中国BYD	3.3%
12	BMWグループ	2.8%
13	メルセデス・ベンツG	2.7%
14	ルノー	2.5%
15	テスラ	2.0%
16	マツダ	1.4%
17	スバル	1.1%
18	三菱	0.9%

※出典元：POSITEN ポジテンより筆者作成
https://positen.jp/9562

【表６】世界の電気自動車：最新事情について

＊EV(バッテリー電気自動車) ＊PHEV(プラグインハイブリッド)＊FCEV(燃料自動車)＊HVE(ハイブリッド)

※下記普及率=新車販売におけるEV+PHEVのシェア(2023)

日本	・普及率は、約4%となっている。 ・数年増加傾向にあったが現在は横ばい傾向にある。 ・電動化目標については、EV+PHEV+FCEV+HEVで2035年に100%を目標としている。
アメリカ	・普及率は、約10%となっている。 ・2018年頃から普及率は大幅に伸びているが、2023年後半あたりから鈍化しており、先行きは不透明な状況にある。 ・電動化目標についてバイデン政権は2030年までに新車の50%以上をEV+PHEV+FCEVにする、と発表したが、トランプ政権がどう出るか不透明な状況にある。
欧州	・普及率は、約21%となっている。 ・急速に拡大していたが、2024年より普及率は頭打ちの状況にある。 ・電動化目標については、2035年までにEV+FCEV(e-fuel使用のエンジン車は除く)で100%を目標としている。 ・上記目標が欧州自動車産業の低迷を招く可能性があるとして、今後目標修正が入る可能性も指摘されている。
中国	・普及率は、約38%となっている。 ・電動化目標については、2035年までにEV+PHEV+FCEVで50%以上を目標としていたが、経過は順調であり、目標を2027年45%に前倒ししている。 ・中国最大手のBYDは、EV+PHEVで300万台規模に達し、この分野で世界一位となっている。
世界	・普及率は、世界全体で約18%となっている。 ・2020年より4倍と大幅に伸びているが欧米中心に鈍化傾向にある。

技術の熾烈な戦いを勝ち抜くためキャッシュを含めた膨大な原資が必要であることは理解できるが、末端の金型会社からメッキメーカー等に至るまで中小零細企業の経営環境は想像以上に苦しい。現場から経営者に至るまで高齢化しており、設備は老朽化している。彼らは今まで散々、自動車メーカーの過酷なコスト低減要求に応え、ボーナスを削りながら協力してきた。今や自動車メーカーは円安によって記録的な高収益をあげている。今度は部品メーカーに恩返しするべき時ではないか。

そして、ビジネス環境の悪化が続けば、嘗ての金型産業同様に技術が海外に流出してしまう恐れもあるのだ。

※ＥＶに関する論評に関しては、加藤康子、池田直渡、岡崎五朗『ＥＶ（電気自動車）推進の罠「脱炭素」政策の嘘』（ワニブックス、２０２１年）をお薦めする。

４　宇宙開発

もともと軍事技術であったインターネットが90年代に入り民間転用されて爆発的に普及した話は有名であるが、実は宇宙産業もインターネットと同じプロセスを経ており、現在最も脚光を浴びているビジネス領域の一つとなっている。

ロケット技術がＳＦ小説の世界から飛び出し、現実世界で脚光を浴びたのは、第二次大戦でドイツが開発したＶ２ロケットからである。この技術が敗戦国ドイツから戦勝国であるアメリカとソ連にわたり熾烈な覇権争いに繋がっていく。１９５０年代末には米ソ間でＩＣＢＭ（大陸間弾道ミサイル）が配備され、更にはロケットなどの宇宙開発競争の時代が到来していた。１９５７年にソ連の人工衛星「スプートニク1号」が人類初となる地球の周回軌道に乗ることに成功し、１９６１年にはユーリー・ガガーリンが世界発の「有人宇宙飛行」に成功している。これに大変な危機感を持ったアメリカが今度は「アポロ計画」で対抗し、１９６９年アポロ11号が人類初の有人月面着陸に成功している。そして１９８０年代に入りアメリカがスターウォーズ計画をぶち上げソ連を追い詰めていった話は第1章で述べた通りである。東西冷戦終結後は、疲弊したロシアや財政赤字に苦しむアメリカにおいて開発競争の熱は下火となり予算が削減されて以降は、スペースシャトルやＩＳＳ（国際宇宙ステーション）の開発などに留まっていた。しかし、２０１０年くらいから二つの大きな波によって宇宙開発が再び脚光を集めるようになってきたのである。

一つは、中国が独自路線で台頭し、アメリカとの覇権争いが宇宙空間でも始まったことである。中国は、既に無人探査機で月面着陸に成功しており、近い将来有人着陸にも成功するであろうと言われている。更に、２０２１年には火星に探査機を送り込むことにも成功している。軍事力のパワーバランスは陸海空に加えサイバー、そして宇宙空間に広がっているのである。

そしてもう一つは、民営化である。

現代において、この宇宙開発もインターネットと同じく政府主導による開発から、民間企業への移行が始まりビジネスにおいても爆発的な拡大気運が高まっている。

特に宇宙開発をリードするアメリカでは、イーロン・マスク率いる「スペースＸ」が数万の衛星を地球低軌道に配備する計画を持ち、地球を衛星で包み込むことで世界の通信インフラを支配しようとしている。

そして人や衛星を宇宙空間に運ぶ宇宙輸送が巨大ビジネスとして脚光を浴びており、その発着場所としてスペースポートが世界各地で生まれつつある。日本では、鹿児島県種子島宇宙センター、内之浦宇宙空間観測所、北海道スペースポート、そして和歌山県のスペースポート紀伊の４カ所が稼働しているが、最近注目されているのが大分空港である。大分県では、兼松株式会社とアメリカの宇宙関連企業「シエラ・スペース」との３者でパートナーシップを締結しており（後に、三菱ＵＦＪ銀行と東京海上日動火災保険も参加）、同社が開発中の再利用可能な宇宙船ドリームチェイサーの着陸候補地の一つに選ばれている。

それでは、スペースポート以外で日本の宇宙ビジネスの可能性はどうであろうか。

実は日本のロケット開発の歴史は古い。戦後、１９５５年に東京大学教授の糸川英夫が主導したペンシルロケットから始まり、長年にわたり地道な努力を継続してきた結果、世界的に見ても信頼性の高いＨ２Ａロケット、国際宇宙ステーションへの物資補給に成功したＨ２Ｂロケットなど存在感を増している。更に２０２４年には積載能力の向上とコストの大幅削減を実現したＨ３ロケットの発射にも成功している。現在世界のロケット開発競争は、アメリカがリードし中国がこれに猛追している状況にあり、これにロシアを加えた3カ国で全体の90％以上を独占している状況にある。そして、これに続くのがインド、フランス、そして日本である。

又、「はやぶさ」は、世界で初めて月以外の小惑星から試料を持ち帰ることに成功し、月面探査ではＨ２Ａロケットに搭載されたＳＬＩＭ（小型月着陸実証機）が世界で初めて月面ピンポイント着陸（狙った場所に誤差１００ｍ以内に着陸する）に成功するなど日本の技術は世界を驚愕させた。

民間においても、袴田武史氏率いる株式会社ispaceが史上初の民間での月面着陸に挑んでいる（２０２３年4月、最初の試みはあともう一歩のところで失敗に終わったが岸田首相が直接ツイートでエールを送るなど、国家的な期待値が高まっている）。更に、大蔵官僚からスタートアップを立ち上げた岡田光信氏率いるアストロスケールは宇宙ゴミ（スペースデブリ）の除去において独自の技術を開発し２０１９年日本の起業家ランキング1位に輝いている。その他にも雲を透過して夜間や悪天候でも地面を観測でき、世界最高レベルの測定精度を持つ「合成開口レーダー」、トヨタが開発している月面探査車、ＳＬＩＭにも搭載された世界最小レベルのロボット（タカラトミー開発）などユニークな独自技術が生まれてきている。

あまり知られていない話に、ロケットを発射する場合、東や南北方向が開けている必要があるといわれる（地球の自転を利用する場合、東向きが有利である）。そして、この地理的環境が恵まれている地域は地球上で限られている。日本はこの方向に広大な太平洋が広がっており、極めて有利な場所に位置していることも忘れてはならない（陸地に向かって打てば事故のリスクが高くなるため）。

勿論、日本が宇宙ビジネスにおけるプラットフォーマーとしてアメリカや中国と対等に渡り合うことは難しいと思うが、日本には、部素材含めた様々な自前の基盤技術がある。サプライチェーンの一角で存在感を発揮することは十分可能であり、またデブリ除去、衛星探査、宇宙輸送などの領域で世界をリードしていくことも可能なのである。２０４０年には１５０兆円に達すると言われる宇宙ビジネスは産業の柱の一つになる可能性を秘めているのだ。

5　原子核融合発電

現在、ＡＩと共に最も注目を集めている先端技術の一つに核融合発電（重水素と三重水素の原子核を融合させヘリウムが生成する時に発生する膨大なエネルギーを利用した発電）がある。ビル・ゲイツやＡＩの第一人者であるサム・アルトマンもその可能性に注目し投資している「夢の技術」である。途上国の更なる経済成長や先端半導体の普及には膨大な電力が必要であると言われており、核融合発電の実用化が解決のカギを握っていると言っても過言ではない。

誤解されている人が多いが、核融合発電は、核分裂による既存の原子力発電と比較すると圧倒的にクリーンで安全であると言われている。事故が起きた場合、既存の核分裂による発電のように核連鎖反応が制御できず炉が暴走することは原理的にあり得ない（燃料供給を止めれば反応も止まる）。そして、核分裂によって放出される高レベル放射性廃棄物は出ない（出ても低レベルのもの）。CO_2も出さず、そして何よりも水素（重水素、三重水素）が原料となるため、無尽蔵・低コストであり地球上に偏在していないため国際紛争の原因になることもない、まさに究極のエネルギーである。

つい最近まで核融合発電は、技術的な課題も多く、実用化は2050年頃と見られていたが、ここにきて開発のスピードが加速し、10〜20年くらい先には実用化の目途が立ちつつあるといわれている。背景には、ITER（イーター）のような超国家的なプロジェクト（フランスをはじめとした欧州・日本・米国・ロシア・韓国・中国・インドが参加）ができて世界中の技術が集約化したこと、AIによるシミュレーション技術の発達によって開発スピードが飛躍的に伸びたことがある。そして、もう一つの重要ポイントは、要となる部品や素材の技術革新が進んだことが挙げられており、この領域での日本の技術が世界的に注目を集めているのである。重要部品であるトロイダル磁場コイル、中心ソレノイドコイル、高温超電導部材、プラズマ加熱器、ブランケット、液体ブランケット、ダイバーター、真空容器に対して多くの日本メーカー（三菱重工業、三菱電機、日立製作所、東芝、古河電気工業、フジクラなどの大手企業の他、様々な専門企業やスタートアップ企業（スタートアップを含む）が参入しており、またアメリカの核融合スタートアップ企業では日本の部素材メーカーとの連携が強化されつつある。

更に、部素材だけでなく、日本でも様々なスタートアップが生まれており、京大発の京都フュージョニアリング、阪大発のEX-Fusion、核融合科学研究所から生まれたHelical Fusion、放射性リスクのない独自の核融合技術を開発しているリニアイノベーション（日大と筑波大学発のスタートアップ企業）などが注目されている。

京都フュージョニアリングのＣＦ（最高融合責任者）で日本の核融合研究の第一人者として知られる京大元教授の小西哲之氏は、日本の核融合について以下に語っている。

「強い素材をはじめ、日本は核融合炉で重要な部品・材料を開発する力がある」と述べ、核融合産業が誕生すれば、「その中心地にはきっと日本がいる」と予測する（斉藤壮司、佐藤雅哉『核エネルギー革命２０３０』日経ＢＰ、２０２４年より）。

先端産業に関して様々な具体例を挙げてみたが、全体を通してポイントを整理してみたい。

■日本は世界の環境問題に貢献できる要素技術を多数持っている。

■多くの先端産業において日本の素材・部品・製造設備が世界のサプライチェーンを支えている。

■先端産業のリーダー（プラットフォーマー）としてアメリカは圧倒的な力を持っており、中国がそれを猛追している状態にあるが、産業によっては日本にも十分チャンスはある。又、ニッチで日本の強みを活かせる領域は、アイデア次第でいくらでもある。
■先端分野における大学発のスタートアップ企業が多数出てきており、経営者の若返りが始まっている。
■半導体、自動車、宇宙、核融合などの分野は、ここ10年が正念場であり、膨大なリソースが必要となっている。
■半導体などの先端産業では、国の補助（助成金等）が世界のスタンダードになってきており、日本でもかつてない規模の資金が投下されるようになってきている。

また、日本のポジションを確認できる指標として、「最も技術的専門知識がある国ランキング」（米USニューズ＆ワールド・レポート誌が行った、73の国について1万7０００人以上のアンケートによるもの）で日本は1位となっている。プロローグでも触れたが経済複雑性ランキングでも1位である。

一方、よくメディアが取り上げる「世界競争力ランキング」（スイスのビジネススクールの国際経営開発研究所〈ＩＭＤ〉によるもの）では日本は38位と低迷している。このランキングで日本の足を引っ張っている要素の一つがビジネスの効率性である。日本企業は経営の機敏性に劣り、変化するマーケットへの適応力が低いと評価されているのである。

日本は技術開発ではいまでも世界トップクラスであるが、その技術を社会実装（ビジネス化）し、グローバル展開する力が弱いことが社会全体の問題なのである。

最後にエピローグでは、教育問題、政治に対する期待、そして民主主義について触れてみたいと思う（ここに本源的な課題が潜んでいるからである）。

エピローグ

現代日本を取り巻く様々な問題について私なりの論考を加えてみた。あくまでも私の仮説であり、他にもさまざまな見方、見解があると思われるが臆せず書いてみようと思う。

〈教育問題〉

私事であるが、私はここ数年、地域の児童館（児童指導員）として働いている。教育の実態については、それなりに体感しているものがある。それらを踏まえて自分の考えを述べてみたい。

ＰＩＳＡ（ＯＥＣＤによる15歳児を対象とした学習到達度調査）の試験結果を見ると、日本は高校生までの学力レベルは世界トップレベルである。同じくＯＥ

【表７】22年度調査（OECDが行った国際学力調査）

数学的リテラシー		科学的リテラシー		読解力	
1	シンガポール	1	シンガポール	1	シンガポール
2	マカオ	2	日本	2	アイルランド
3	台湾	3	マカオ	3	日本
4	香港	4	台湾	4	韓国
5	日本	5	韓国	5	台湾

CD加盟国である韓国、そして台湾も同レベルである。テストのレベルだけでなく、質においても日本在住の外国人からの評価も高い。特に、協調性やチームワークを重んじる教育は肯定的にみられている。日本の義務教育のように全体を底上げしようというのは日本の教育の良いところではないか。

一方、中国や韓国は日本などとは比較にならないくらい凄まじい競争があり、教育格差の問題も大きい。また、イギリスでは、低年齢から能力別の選抜を行っており、教育資源は優秀な層に重点的に配分されるとのことである。

近年、欧米における最大の問題は教育の劣化であると言われている。私の知り合いのイギリス人によると治安が悪い地域では小学校の入り口に金属探知機があると聞く。生徒が先生をナイフで刺すことがあるからだという。また、アメリカ、イギリスなどでは未成年が集団で万引きをする事件が頻発しているといわれる。

背景には、かつて教育を支えていたのは優秀で聡明な女性たちであったが、その人たちが教育界から実業界や政治の世界に流れてしまい教師のレベルが劣化したことが大きいという話もあるようである。

話は変わるが、ホンダが中国の広州に進出したとき、プジョーの後をホンダが引き継いだことがある。中国人が「ホンダはすべてが平等で、着るもの、食事、トイレも一緒で、日本の方がよほど社会主義的にみえた」と語っていた。そして、フランス人は朝9時半に来て3時半に帰るが日本人は一番早く来て一番遅く帰る。日本人の皆で一緒に工場を運営する姿は中国人に感動を与えていたようだ。これは一例である。こうした日本人が小さいころから培われてきた「同じ釜の飯」文化によって海外における日本人の評価を上げてきたのだ。

２０２４年1月2日、羽田空港で日航機の事故があった時に、日本人乗客はパニックに陥ることもなく出口に殺到せず秩序を保っていた。日本では当たり前の行動であったが、この事故を海外では「奇跡的」と報じていた。こうした点は日本の教育の成果の部分が大きいと思う。

一方で、日本の高等教育に問題がないわけではない。「一人の天才が数百万人を食わせていく社会」といわれる今日、先進国の多くは、一部のギフテッド（高知能者）にリソースを集中させていく傾向にある。日本の教育では、全体を底上げすることに成功しているが、一方でギフテッドを見出し、その能力を最大限に引き出すことはできていないように思える。

私の元部下で中国人の女性が「日本の義務教育は素晴らしいよ。子供に協調性やチームワークの大切さを教えてくれた。ただ、子供の能力を最大限に引き出すことについては何か物足りないの」と言っていた。そして彼女は子供を連れてアメリカに渡って行った。

特に大学の研究者の待遇は欧米と比較して良好とはいえない。博士号を取得しても研究者として生活設計が厳しいという話をよく耳にする。その結果、日本の大学等の研究力は最近低下傾向にある。２０２３年度にNatureが発表した自然科学分野（物理科学・化学・生物科学・地球環境科学）の研究機関ランキングは、１位が中国科学院、２位ハーバード大学、３位にはドイツのマックスプランク協会が入っており、日本トップの東京大学は、２０２１年には８位と世界のベスト10に入っていたが、今回は18位となり、大幅にランキングを下げている。また、国全体で見た場合の「トップ10論文数」ランキングで２００８年まではトップ５を維持していたが、２０２３年には13位まで順位を下げている（総数では５位）。研究開発費や研究者数ではアメリカ、中国に次いで３位であり、特許出願数ではトップクラスであるが、世界的に注目される論文数が相対的に激減しているのだ。

現在の技術立国の礎は一世代前からの努力が実を結んだ結果であるが、このままでは次の世代から技術で勝てなくなることが想定される。高等教育の立て直しは急務である。

そしてビジネスの世界ではどうであろう。

90年代の後半から、グローバル化が定着しＩＴや通信が仕事ツールになって以降、語学力を含め日本人ビジネスパーソンの戦闘能力は相対的に低下している。最近変わってきているとはいえ、海外との会議の席で英語のわかる日本人を頼りに通訳を入れながらではあまりにも効率が悪い。いざというときに直接電話で一対一の意思疎通、場合によっては交渉ができなければ、マネージャーとしては失格と思ったほうが良い。外資では相手にもされない。その点、中国人や韓国人は個人の能力開発に貪欲である。

第5章の「新自由主義の功罪と日本の雇用問題」のところで韓国籍を捨てる人が年間2万人以上いるという話をしたが、別の見方をすると韓国内の厳しい競争に耐えてきたことで自信があるから外国に出て行けるという面もあるのかもしれない。勿論、日本人独特の「ものづくり」に対する拘り、細かな品質への配慮、異質のものを擦り合わせて形にしていく能力はいまだに健在である。しかし、現代はダイバーシティ（多様性）とインテグレーション（統合）の時代である。リーダーには、様々な国籍、文化、分野の人たちをまとめ上げていく能力が求められる。例えば、先端半導体でも核融合発電の開発でも、世界中の研究機関や企業が得意ゾーンを持ち寄って技術が統合化されていく。これを全体としてマネジメントしなければならなくなるのであるからハードルは高い。その点に関しては日本の教育（特に高等教育）は大きな見直しが必要であろう。

また、日本では理系と文系を明確に分け、社会人になってからもその分類に拘ってしまうことも問題である。この考え方が、技術では先行しながらビジネスの美味しいところは海外に持っていかれる不本意なパターンを繰り返してきた背景にあるのではないかと思う。アメリカでは理系出身がＭＢＡ（経営学修士）を持っていたりすることは当たり前で、日本でいう理系・文系にかかわらずビジネスを若いころから学習する機会が多いのである。

これからは、戦略を重視していかに売るか（マーケティング）を技術開発に先行（併行）していかないと、価値創造はできても価値獲得はできないのである。新しい技術を開発したら

「後は営業さんお願いね」という旧来日本特有の会社文化では勝てないのである。

そして更に、企業においても他国と比較して社員の能力開発にお金を掛けていないことも分かっている。企業の能力開発費のGDP比について日本は他国と比較し一桁低い。

そして、公的教育費のGDP比率が他国に比べ低いことも問題である。公的教育費が低い分、収入に余裕がある家庭は私的に塾に通わせ不足分を補填しているのである。これでは教育の格差はどんどん拡大してしまう。かつての「教育の国」日本の面影はなくなってしまっている。教育格差の解消は急務である（日本の教育自費負担率は7割近くに上り、OECD平均の2倍以上になる）。

一方、数値（コスト）には表れない日本の強みとして挙げておきたいのは、「教え合う文化」である。

私は日本企業と外資と見てきて、日本人の特に技術者は自分のノウハウや技術を後輩や同僚に惜しみなく教えることは普通に行われるが、海外（国にもよるが）では基本個人単位であり、自分の強みを相手に開示することは稀である。日本の良い文化は是非とも残しておきたいものである。

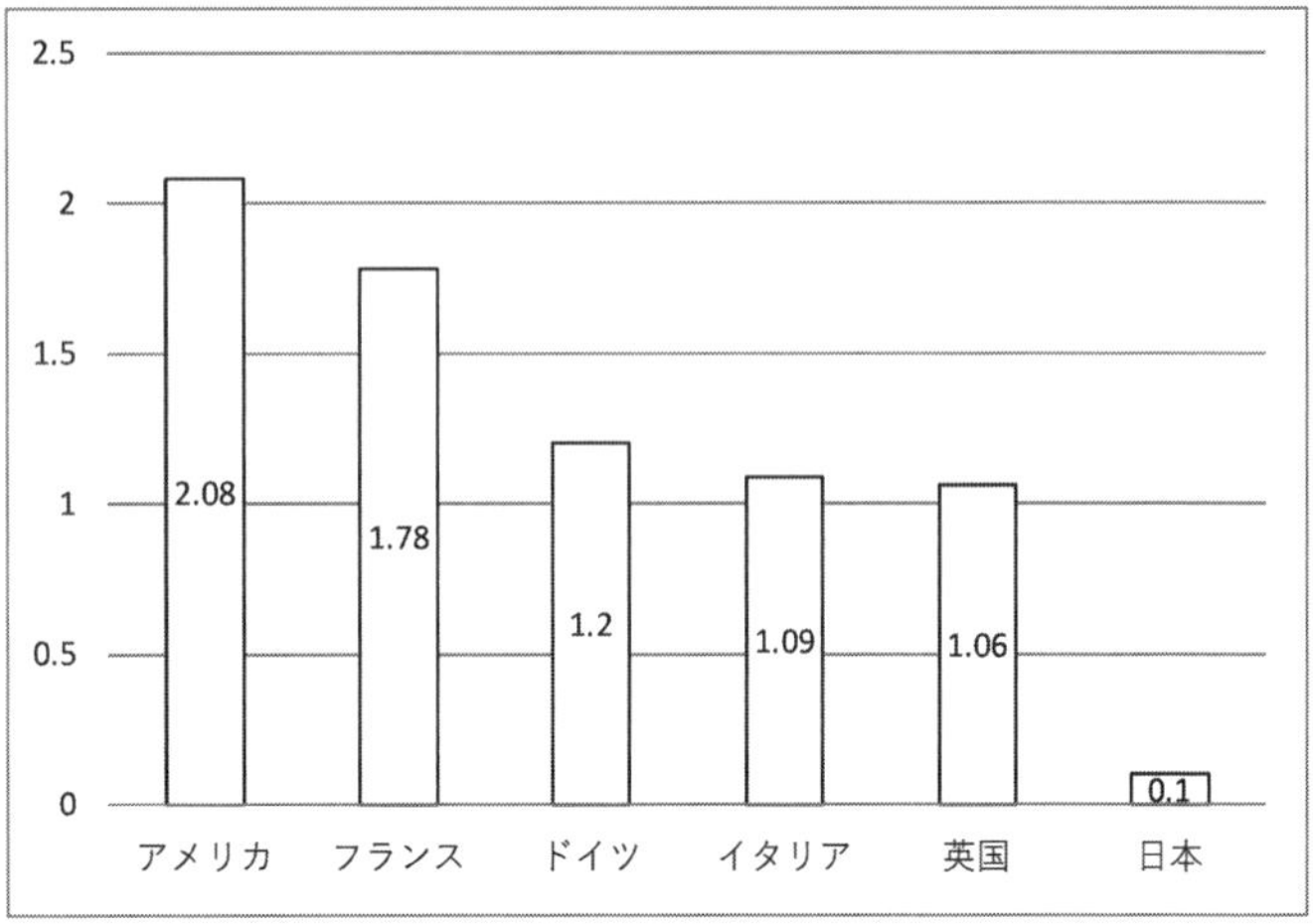

※厚生労働省（GDPに占める企業の能力開発費の割合の国際比較について）より筆者作成
https://www.mhlw.go.jp/wp/hakusyo/roudou/18/backdata/2-1-13.html

【図26】国別企業の能力開発費（対GDP比％）

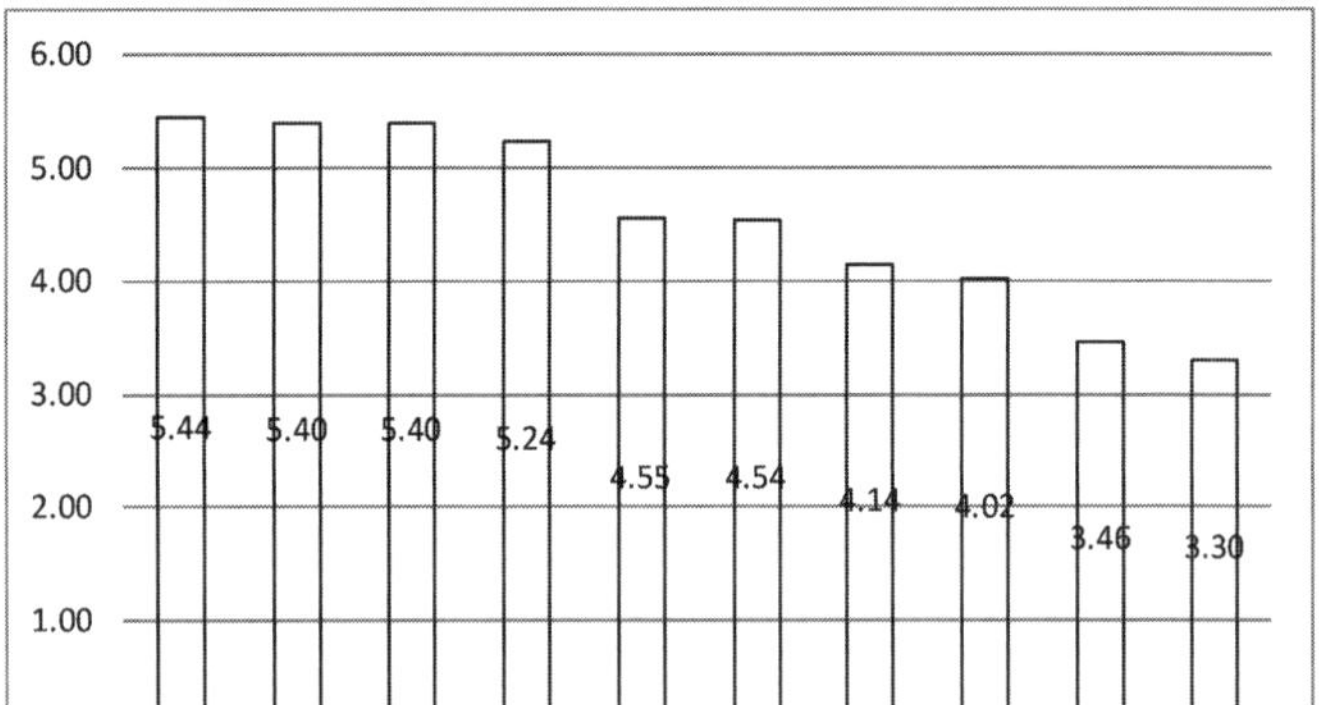

※GLOBAL NOTE（出典：UNESCO）より筆者作成　https://www.globalnote.jp/post-1479.html

【図27】公的教育費（対GDP比％）

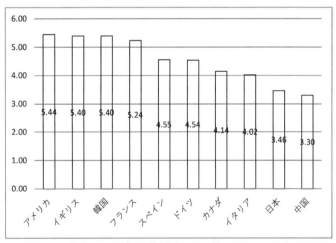

〈政治に対する期待〉

自動車業界において、2020年CAFE規制（CO_2排出量規制）を数値通りクリアしたのはトヨタだけであった。他の欧州メーカーはスーパークレジット（EV車だけ2倍にカウントできる）を施行させクリアしたとしている。欧州諸国は政治の力を使って自分の都合で勝手にルールを変えるのである（スポーツの世界ではお馴染みのことであるが）。日本としても、こうした動きに対抗して、政治家が自国有利になるルール作りを国際社会の中で提案・交渉していかないと、どんどん国益が侵されてしまうことになる。こうした面からも政治の力が問われてくるのである。

世界は現在、環境問題に代表される様々な問題を抱えており、過去に例が無いほど国際社会の協調が必要になっている。一方でアメリカ、中国そして欧州は、必ず自国の国益を念頭においたルール作りを仕掛けてくる。日本は今まで他国が作ったルールに如何に適応するかばかりを考えてきた。しかし今後は、日本も積極的にルール作りに参加していくべきである。日本の技術がビジネスとして花開くためには政治力も重要な要素なのである。

あと国際政治に関し付け加えておきたい点がある。

1990年に東西冷戦が終結して以降、グローバルといわれた時代が続いてきた。国境を超えてヒト・モノ・カネ、そして情報、サービスが自由に移動する社会は、様々な問題をはらみながらも夢のある時代であった。しかし、このグローバル社会は残念ながら急速に崩壊しつつある。グローバル化はそもそもアメリカによる安定的な一極支配の上に成立したものであり、そのアメリカの一極支配が終焉したためである（この先ドルの基軸通貨が揺らげば、世界は更なるカオスの状態になる）。そして、南（グローバルサウスと呼ばれている）が台頭し、ウクライナ戦争で国連は機能不全に陥っており、新しい国際システムの構築にはまだまだ相当な時間が掛かりそうな状況にある。従って、世界はグローバルからインターナショナル（自国と他国を意識した世界）な社会に急速に変貌しつつあると認識を変えるべきである。これからの数十年は、各国が国益を剥き出しにしつつも、環境に良いものでなければ競争に勝てない仕組みを構築し、そして、何よりも戦争だけは回避することにあらゆる知恵を集中させなければならない。

日本も今後、「国家戦略」、「国家プロジェクト」、「国防・情報セキュリティー」、「経済安全保障」が重要なキーワードになってくる。例えば、半導体には、これから数兆円単位の投資が必要となり、この一部を国が助成することになる。「税金で？」という話になるかもしれないが、アメリカはＣＨＩＰＳ法（アメリカ国内の半導体に対して５００億ドル、約７兆円の補助金を投じるというもの）を打ち出しており、ＥＵも経済安全保障の面から半導体生産の拡大に向け官民で２０３０年までに４３０億ユーロ（約６兆円）を投ずる計画を明らかにしている。そして、中国は「中国製造２０２５」を掲げ、半導体はもとより、先端分野から日本の虎の子の素材を含め主要な製造業全てでトップを取りにきている。日本がこうした流れから脱落し、もし何かの事態で世界中が半導体等の重要物質を囲い込むことになれば、最悪の場合、日本は何も製造できなくなるのである。逆に、日本が世界の主要産業のサプライチェーンを押さえることができれば、それがそのまま自国の強力な安全保障になるということでもある。そして、電力、通信、自動車などは国のインフラとの連携が欠かせない領域であり、こうした点からも政治の役割は日増しに重要になっているのである。

そして、国内に目を向けると、政治の重要な役割は、格差の是正であろう。正規・非正規はもとより、先述したように教育格差の是正も急務である。このあたりあまり感情的にならないよう、微妙なバランス感覚が政治家には要求されるが、先ずは、目の前でもっとも困っているひとり親家庭等生活困窮者の救済、食料品に掛かる消費税の廃止などから順次検討を進めるべきではないかと思う。

〈民主主義〉

直接経済にかかわる話ではないが民主主義についても触れておきたい。

民主主義の成熟度を測る指標にはいくつかある。代表的なものと日本の順位を左記に挙げておく。

①民主主義指数　世界16位

②腐敗認識度指数　世界18位
③自由度ランキング　世界11位
④報道の自由度ランキング　世界70位

※民主主義指数は、イギリスの調査会社によるもので、選挙過程と多元性、政府機能、政治参加、政治文化、人権擁護の5つの部門のスコアの平均から計算している。

※腐敗認識度指数は、アジア開発銀行、アフリカ開発銀行、ベルテルスマン基金、世界銀行、エコノミストインテリジェンスユニット、フリーダムハウス、グローバルインサイト、国際経営開発研究所（ＩＭＤ）、政治経済リスクコンサルタンシー、世界経済フォーラムの10の機関が行ったアンケート調査を基に数値化したものでランキングしている。

※自由度ランキングは、世界的な調査会社であるフリーダムハウスの世界の自由度報告書を基にランキングしている。「政治的権利」と「市民自由度」について１５０人以上の専門家・アナリストなどが評価したものである。

※報道の自由度ランキングは、国際ＮＧＯ国境なき記者団が発表を行っている。報道機関の多元性、独立性、多様性、透明性などについてスコアで評価し、順位をつけたものである。

日本のメディアがやたらと取り上げるのは④報道の自由度ランキングであるが、民主主義の総合的な評価としては、①民主主義指数を取り上げるべきではないかと思う。この指標では、評価項目として、選挙過程と多元性、政治機能、政治参加、政治文化、人権擁護から総合評価しており一番客観的な指標と考えられる（また、多くの社会学者等がこの指標を社会や政治・

【表８】2023年の民主主義指数

（網掛け）=1千万人未満

順位	国・地域	指数	人口国連統計(百万)	政治体制分類
1	ノルウェー	9.81	6	完全民主主義
2	ニュージーランド	9.61	5	完全民主主義
3	アイスランド	9.45	0.4	完全民主主義
4	スウェーデン	9.39	11	完全民主主義
5	フィンランド	9.30	6	完全民主主義
6	デンマーク	9.28	6	完全民主主義
7	アイルランド	9.19	5	完全民主主義
8	スイス	9.14	9	完全民主主義
9	オランダ	9.00	18	完全民主主義
10	台湾	8.92	23	完全民主主義
11	ルクセンブルク	8.81	1	完全民主主義
12	ドイツ	8.80	85	完全民主主義
13	カナダ	8.69	39	完全民主主義
14	オーストラリア	8.66	26	完全民主主義
14	ウルグアイ	8.66	3	完全民主主義
16	**日本**	**8.40**	**124**	完全民主主義
17	コスタリカ	8.29	5	完全民主主義
18	オーストリア	8.28	9	完全民主主義
18	イギリス	8.28	69	完全民主主義
20	ギリシャ	8.14	10	完全民主主義
20	モーリシャス	8.14	1	完全民主主義
22	韓国	8.09	52	完全民主主義
23	フランス	8.07	66	完全民主主義
23	スペイン	8.07	48	完全民主主義
29	アメリカ合衆国	7.85	343	欠陥民主主義
34	イタリア	7.69	59	欠陥民主主義
41	インド	7.18	1438	欠陥民主主義
51	ブラジル	6.68	211	欠陥民主主義
63	タイ	6.35	72	欠陥民主主義
69	シンガポール	6.18	6	欠陥民主主義
144	ロシア	2.22	145	独裁政治体制
148	中国	2.12	1423	独裁政治体制

経済の分析に使用している)。

表8のように、民主主義指数のランキング表に、人口を入れてみた。予想されたことであるが上位にランクインしている国は、人口が1千万に満たない国が多かった。大国と言われる国で日本よりも順位が高いのは連邦共和国のドイツだけとなる。多くの日本人が日本よりも遥かに民主主義が成熟していると考えているイギリスやフランスは日本よりも点数が低い。日本ではほとんど報道されないが、フランスでは現在、元大統領のニコラ・サルコジが選挙法違反の罪により二審で実刑判決を受けたことが話題となっている。

イギリスではあまりにも政治家に対するSNSなどからの誹謗中傷が多く、政界を引退する政治家が相次いでいると聞く。民主主義の機能不全は何も日本だけのものではない。日本のメディアの報道を聞いていると「こんなに政治腐敗の酷い国は日本くらいだ。先進国ではない」といった調子だが、世界から見ればこれでも並以上である。人口5千万とか1億とかの大国が民主主義を綺麗に機能的に運営することは原理的に難しいのかもしれない。そのことは既にフランス革命前のジャン・ジャック・ルソーが「小規模共同体においてのみ人は政治的自由を十分に享受することができる」と述べていたことで予見されている。日本の場合も民主主義を機能させるには地方自治を強くする等の検討を本気で議論するべきであると思う。そして、国は外交や安全保障、成長戦略等に関する議論を厚くして、経済一般に関してはもっと地方に権限移譲するべきであろう。統治形態の改革こそが地方創生のカギになるのではないかと思う。

付け加えると、現状の政治も他の国が酷いから日本は今のままで良いというのではない。日本という社会は基本的に「信用社会」「性善説」の社会である。私はこれこそ日本の最大のインフラであると考えている。その視点から失墜した政治の信用を上げることは急務であると言える。

＊＊＊

失われた30年と言われて久しい。本当に何が失われ、何が残り、何が進化したのだろうか。失われたとは、ＧＤＰが拡大せず、一人当たりＧＤＰで他国に抜かれたことを指すのであろう。社会の質はどうであろうか。日本は様々な問題は抱えてはいるが海外との比較では、そんなに酷い国ではないことを強調してきたつもりである。

イギリスの「MoveHub」が公表している「Quality of Life生活の質ランキング」では、治安や医療、購買力と消費者物価、通勤時間、大気汚染、所得対比住宅価格などから総合的に各国の生活水準を評価しているが、このランキングで日本は世界15位となっている（日本を超える国のほとんどが人口1千万以下の国であり、大国の中では、世界トップクラスである。……アメリカ12位、ドイツ13位、イギリス24位、カナダ30位、フランス31位、韓国38位、イタリア41

位、中国59位）。

日本は、幕末に不平等条約を締結させられて、西欧に追いつけなければ植民地にならざるを得ないところまで追い詰められていた。明治初期に面従腹背して脱亜入欧したのであって（異論もあるかもしれぬが）、欧米文明が機能不全を起こし多くの問題を抱えている今日、自分のことは自分で考える時代にきたのである。そしてもう、明治以降のキャッチアップ思考は止めた方が良い。欧米の良いところは今後も学ぶべきであるが、パッケージで目標にする必要はなくなっていると思う。

現在の日本はネガティブなデフレマインド（守り）からポジティブなインフレマインド（攻め）に変わるグレーゾーンに置かれている。このマインドリセットするタイミングで「日本は終わりだ」とか「希望がない」とか後ろ向きな発言は控えた方が良い。そして、そうした発言をする有識者の多くが、高度経済成長・バブル経済で散々豊かな生活を送ってきたものであるから質が悪い。今の社会を作ってきた本人であるにもかかわらず無責任ではないかとも思える。プロローグでも強調したが、日本はバブル崩壊から非常に成熟した社会を作ってきた。世界に誇れる文化を作ってきた。その裏付けとして国家ブランド指数も世界一になっている。そして、日本の持っている技術の多くは環境問題など世界的な課題を解決するのに不可欠なものになっている。今を嘆く人も自分たちが現役時代に築き上げてきたことにもっと自信を持つべきではないだろうか。

日本は現在、少子高齢化、人手不足、インフレ、賃金が上がらないなど、さまざまな問題を抱えているとはいえ、総合力（潜在力と言った方が分かりやすいかもしれない）で見た場合大きな可能性を秘めているのだ。希望が持てるかどうかは当事者である日本人の気持ち次第なのである。

人々がデフレマインドから脱却して、気持ちを持ち直せば、いくらでもこの国は変えられる。

書き終えて

戦後について、近代史研究家として筆を進めようと思ったが、最後は現在と未来についてペン先に力が入り後半の4分の1は経済評論等に多くのページを費やしてしまった。一方、前半は日本経済史にも決定的な影響を与えたベトナム戦争や東西冷戦といった政治問題について詳しく触れている。全体のバランスとして違和感があり、最後まで書き直そうかと何度も思ったが、どちらもどうしても書く必要に駆られ、修正しないでそのままの状態で出すことにした。

90年代を起点として失われた30年と言われるが、この日本経済が絶頂まで登りつめることができた背景には、歴史的に非常にラッキーな環境にあったことを我々はいつの間にか忘れてしまっているからである。もし日本が経済に集中することをアメリカが許さなければ、日本のその後の高度経済成長もバブルもなかったであろう。アメリカ、ソ連、そして中国が政治の世界に翻弄されている隙に日本は盗塁を決めたのである。そして、いつの間にか日本の株式時価総額はアメリカを超えていた。これを資本主義の支配者を自認するアメリカが許すはずはなかった。80年代後半からアメリカはソ連と共に日本を徹底的に潰したのである。この部分を描かずに「失われた30年」は見えてこない。そしてソ連と日本を潰したアメリカは現在、中国と覇権を争っている。この地政学的な地殻変動と円安によって日本には今や数十年ぶりの追い風が吹いている。日本人の多くはメディアによる執拗な自国批判によって自信を失い、自身が持っている潜在的な力に気づいていない。戦う材料は十分あることを説明したく、後半は経済評論に多くの紙面を割いてしまった。

そして最後は、「技術では勝てるがビジネスでは勝てない」日本停滞の本源的な問題を炙り出してみた。この真因と処方箋について、教育論にまで裾野を広げてみたが十分な説明ができているとは思えない。私レベルの知見では荷が重すぎるテーマではあるが、問題提起はできたと考えている。

今回、日本の将来の可能性について様々なヒントをいただき、勇気づけられた文献は、プロローグでも紹介した、ウリケ・シェーデ、渡部典子訳『シン・日本の経営　悲観バイアスを排す』（日経プレミアシリーズ、２０２４年）である。海外（アメリカ）からみた「日本の強み」を鋭く分かり易く解説している名著である。是非、一読をお勧めしたい。

なお本文は歴史上の人物の敬称を略させていただいたことを付記する。

最後に、第1作『第二次大戦　壮大なチェス盤、錯誤の連続』（２０２３年）、第2作『第二次大戦　終戦の錯誤』（２０２４年）に引き続き、今回も東京図書出版の編集部の皆様には、大変お世話になった。謝意を表したい。

主要参考文献

＊安達誠司『円高の正体』光文社新書、２０１２年
＊安倍晋三『安倍晋三　回顧録』中央公論新社、２０２３年
＊大西康之『起業の天才！　江副浩正　８兆円企業リクルートをつくった男』東洋経済新報社、２０２１年
＊大森実『現代の戦争』講談社、１９８６年
＊大森実『恐慌が迫る』講談社、１９８７年
＊長内厚『半導体逆転戦略　日本復活に必要な経営を問う』日本経済新聞出版、２０２４年
＊片山俊大『超速でわかる！　宇宙ビジネス』すばる舎、２０２１年
＊加藤康子、池田直渡、岡崎五朗『ＥＶ（電気自動車）推進の罠「脱炭素」政策の嘘』ワニブックス、２０２１年
＊加藤鉱『中国ホンダ経営会議』ビジネス社、２００４年
＊上阪欣史『日本製鉄の転生　巨艦はいかに甦ったか』日経ＢＰ、２０２４年
＊斉藤壮司、佐藤雅哉『核エネルギー革命２０３０』日経ＢＰ、２０２４年
＊坂本光司『日本でいちばん大切にしたい会社』あさ出版、２０１３年
＊上念司『経済で読み解く日本史〈平成時代〉』飛鳥新社、２０２０年

＊城山三郎ほか『本田宗一郎　その「人の心を買う術」』プレジデント社、２００７年
＊谷本真由美『世界のニュースを日本人は何も知らない５』ワニブックス【ＰＬＵＳ】新書、２０２３年
＊冨山和彦『ホワイトカラー消滅　私たちは働き方をどう変えるべきか』ＮＨＫ出版新書、２０２４年
＊中村尚樹『日本一わかりやすい宇宙ビジネス　ネクストフロンティアを切り拓く人びと』プレジデント社、２０２４年
＊中野剛志、佐藤健志、施光恒、柴山桂太『新自由主義と脱成長をもうやめる』東洋経済新報社、２０２４年
＊日経ＢＰ『日経テクノロジー展望２０２５　世界を変える１００の技術』日経ＢＰ、２０２４年
＊野口悠紀雄『平成はなぜ失敗したのか「失われた30年」の分析』幻冬舎、２０１９年
＊野口悠紀雄『円安が日本を滅ぼす　米韓台に学ぶ日本再生の道』中央公論新社、２０２２年
＊浜田宏一『アメリカは日本経済の復活を知っている』講談社、２０１３年
＊服部龍二『中曽根康弘「大統領的首相」の軌跡』中公新書、２０１５年
＊平井一夫『ソニー再生　変革を成し遂げた「異端のリーダーシップ」』日本経済新聞出版、２０２１年
＊西川廣人『わたしと日産　巨大自動車産業の光と影』講談社、２０２４年
＊日本に根付くグローバル企業研究会＆日経ビズテック編『サムスンの研究』日経ＢＰ、２００５年

＊町田明広『グローバル幕末史』草思社、２０１５年
＊水野和夫、山口二郎『資本主義と民主主義の終焉　平成の政治と経済を読み解く』祥伝社新書、２０１９年
＊宮内邦子『クレムリン悪魔の賭け』ごま書房、１９８０年
＊村田晃嗣『レーガン』中公新書、２０１１年
＊宮崎正弘、渡辺惣樹『激動の日本近現代史　１８５２−１９４１』ビジネス社、２０１７年
＊山本太郎、雨宮処凛『僕にもできた！　国会議員』筑摩書房、２０１９年
＊渡辺惣樹『日米衝突の根源　１８５８−１９０８』草思社、２０１１年
＊ロバート・スレーター、仁平和夫訳『ウェルチ　リーダーシップ・31の秘訣』日経ビジネス人文庫、２００１年
＊エミン・ユルマズ『日本経済復活への新シナリオ』ＫＡＤＯＫＡＷＡ、２０２１年
＊ウリケ・シェーデ、渡部典子訳『シン・日本の経営　悲観バイアスを排す』日経プレミアシリーズ、２０２４年

主要参考映像

＊ＮＨＫ（映像の世紀バタフライエフェクト）『ベトナム戦争　マクナマラの誤謬』放送日
２０２３年５月29日

石塚　康彦（いしづか　やすひこ）

1962年埼玉県生まれ。立教大学経済学部卒業後、自動車業界に勤務、退職後、近現代史を中心とした作家活動を開始する。今回は、その第３作目となる。長年にわたり、国内外、リベラル・保守を問わず、様々な書籍を渉猟し、「複眼思考」をモットーに近現代史の研究を進めている。著書に『第二次大戦　壮大なチェス盤、錯誤の連続』『第二次大戦　終戦の錯誤』（東京図書出版）がある。

「失われた30年」と日本の将来
日本に未来はある　デフレマインドを捨てよ！

2025年５月11日　初版第１刷発行

著　者　石塚康彦
発行者　中田典昭
発行所　東京図書出版
発行発売　株式会社 リフレ出版
〒112-0001　東京都文京区白山 5-4-1-2F
電話（03）6772-7906　FAX 0120-41-8080
印　刷　株式会社 ブレイン

ISBN978-4-86641-853-7 C0033
Printed in Japan 2025